4
Minutos
DE ESTUDIO BÍBLICO

PROGRAMA DE
ESTUDIO
EN 6 SEMANAS

MINISTERIOS
PRECEPTO
INTERNACIONAL

PRINCIPIOS

CLAVE PARA

EL AYUNO

BÍBLICO

KAY ARTHUR
PETE DELACY

Principios Clave Para El Ayuno Bíblico
Publicado en inglés por WaterBrook Press
12265 Oracle Boulevard, Suite 200
Colorado Springs, Colorado 80921
Una división de Random House Inc.

Todas las citas bíblicas han sido tomadas de la Nueva Biblia Latinoamericana de Hoy;
texto basado en La Biblia de las Américas®. © Copyright 1986, 1995, 1997 por la
Fundación Lockman.
Usadas con permiso (www.lockman.org).

ISBN 978-1-62119-028-8

2012 – Edición Estados Unidos

Nuestra misión es

ESTABLECER A LAS PERSONAS EN LA PALABRA DE DIOS

En Ministerios Precepto creemos que la única respuesta verdadera para impactar a nuestro tan necesitado mundo *es una vida transformada* por la poderosa Palabra de Dios. Con esto en mente, nos estamos movilizando para alcanzar al mundo hispano con el fin de que aprenda a "usar bien la Palabra de Verdad". Para ello, actualmente estamos ofreciendo **entrenamiento gratuito** en las destrezas necesarias para el Estudio Bíblico Inductivo.

¡Únetenos en esta maravillosa experiencia de conocer la metodología inductiva y de aprender a usar nuestra serie de "40 Minutos"!

Puedes comunicarte con nosotros:

Llamándonos al 1-866-255-5942
O enviarnos un email a nuestra dirección: wcasimiro@precept.org

También puedes escribirnos solicitando más información a:
Precept Ministries International
Spanish Ministry
P.O. BOX 182218
Chattanooga, TN 37422
O visitar nuestra página WEB: www.precept.org

Estamos a tu completa disposición, pues estamos convencidos que existimos para cooperar juntamente con la iglesia local con el fin de ver a nuestro pueblo viviendo como ejemplares seguidores de Jesucristo, que estudian la Biblia inductivamente, miran al mundo bíblicamente, hacen discípulos intencionalmente y sirven fielmente a la iglesia en el poder del Espíritu Santo.

Este estudio bíblico inductivo está dirigido a grupos pequeños interesados en conocer la Biblia, pero que dispongan de poco tiempo para reunirse. Resulta ideal, por ejemplo, para grupos que se reúnan a la hora de almuerzo en el trabajo, para estudios bíblicos de hombres, para grupos de estudio de damas o para clases pequeñas de Escuela Dominical (también es muy útil para grupos que se reúnan durante períodos más largos—como por las noches o sábados por la mañana—que sólo quieran dedicar una parte de su tiempo al estudio bíblico; reservando el resto del tiempo para la oración, comunión y otras actividades).

El presente libro ha sido diseñado de tal forma que el propio grupo complete la tarea de cada lección al mismo tiempo. La discusión de las observaciones, extraídas de lo que Dios dice acerca de un tema en particular, les revelará impactantes y motivadoras verdades.

Aunque se trata de un estudio en grupo y participativo, resulta necesaria la intervención de un moderador para que dirija al grupo—alguien quien procure que la discusión se mantenga activa (la función de esta persona no es la de un conferenciante o maestro; sin embargo, al usar este libro en una clase de Escuela Dominical o en una reunión similar, el maestro deberá sentirse en libertad de dirigir el estudio de forma más abierta; brindando observaciones complementarias, además de las incluidas en la lección semanal).

Si eres el moderador del grupo, a continuación encontrarás algunas recomendaciones que te ayudarán a hacer más fácil tu trabajo:

- Antes de dirigir al grupo, revisa toda la lección y marca el texto. Esto te familiarizará con su contenido y te capacitará para ayudarles con mayor facilidad. La dirección del grupo te será más cómoda si tú mismo sigues las instrucciones de cómo marcar y si escoges un color específico para cada símbolo que marques.

- Al dirigir el grupo comienza por el inicio del texto leyéndolo en voz alta según el orden que aparece en la lección; incluye además los "cuadros de aclaración" que podrían aparecer después de las instrucciones y a mitad de las observaciones o de la discusión. Motívales a trabajar juntos la lección, observando y discutiendo todo cuanto aprendan. Y, al leer los versículos bíblicos, pide que el grupo diga en voz alta la palabra que estén marcando en el texto.

- Las preguntas de discusión sirven para ayudarte a cubrir toda la lección. A medida que la clase participe en la discusión, te irás dando cuenta que ellos responderán las preguntas por sí mismos. Ten presente que las preguntas de discusión son para guiar al grupo en el tema, y no para suprimir la discusión.

- Recuerda lo importante que resulta para la gente el expresar sus respuestas y descubrimientos; pues esto fortalecerá grandemente su entendimiento personal de la lección semanal. Por lo tanto, ¡asegúrate que todos tengan oportunidad de contribuir en la discusión semanal!

- Procura mantener la discusión activa, aunque esto pudiera significarles pasar más tiempo en algunas partes del estudio que en otras. De ser necesario, siéntete en libertad de desarrollar una lección en más de una sesión; sin embargo, recuerda evitar avanzar a un ritmo muy lento, puesto que es mejor que cada uno sienta haber contribuido a la discusión semanal -en otras palabras: "que deseen más"- a que se retiren por falta de interés.

- Si las respuestas del grupo no te parecen adecuadas, puedes recordarles cortésmente que deben mantenerse enfocados en la verdad de las Escrituras; su meta es aprender lo que la Biblia dice, y no el adaptarse a filosofías humanas. Sujétense únicamente a las Escrituras, y permitan que Dios sea quien les hable ¡Su Palabra es verdad! (Juan 17:17).

PRINCIPIOS CLAVE PARA EL AYUNO BÍBLICO

¿Deseas tener intimidad con Dios? ¿Quieres sentir Su presencia, escuchar Su voz, palpar Su voluntad? Si el acercarte a Dios es el deseo de tu corazón, entonces te invitamos a que nos acompañes en un innovador estudio de la disciplina del ayuno.

Desde los tiempos antiguos, el ayuno ha sido considerado un medio esencial para profundizar la fe y comunión con Dios. Pero en años recientes se ha vuelto una práctica cada vez más rara y a veces malentendida. Muchos se preguntan si el ayuno es una disciplina espiritual obsoleta, algo que los cristianos modernos no deberían ni molestarse en hacer. Otros están convencidos que esta disciplina es sólo para las personas que buscan una mayor espiritualidad. Incluso hay algunos que lo ven como un extraño ritual relacionado con otras religiones.

La Biblia habla del ayuno más de cincuenta veces, y en este estudio de seis semanas examinaremos muchos de esos pasajes para aprender lo que la Palabra de Dios enseña acerca del tema.

Consideraremos lo que involucra el ayuno y lo que significa para el cristiano. A medida que descubras por ti mismo los principios bíblicos detrás de esta práctica, y observes su impacto en la vida de los fieles a través de la historia, podrás darte cuenta del rol específico que desempeña el ayuno en la vida de la iglesia.

Y al llegar al final de nuestro tiempo juntos, estarás equipado para decidir cómo practicarás la disciplina del ayuno como medio para profundizar tu caminar con Dios.

Comencemos nuestro estudio del ayuno examinando lo que Jesús dijo acerca de este importante tema en Su conocido Sermón del Monte. Después observaremos algunas referencias del Antiguo Testamento, sobre esta práctica, para ver qué podemos aprender de su naturaleza y propósito.

OBSERVA

El Sermón del Monte registra las enseñanzas de Jesús referente a los principios necesarios para una vida justa. Veamos específicamente lo que Él dijo acerca del ayuno.

Líder: Lee Mateo 6:1, 16-18 en voz alta y pide al grupo que...
- *Subraye cada referencia a **cuando***
- *Encierre en un círculo cada referencia al **ayuno**.*

A medida que leas el texto, resultará muy útil que el grupo diga las palabras clave en voz alta conforme las vayan marcando. De esta manera todos estarán seguros de haber marcado cada referencia a la palabra, incluyendo cualquier palabra o frase sinónima. Procura hacer esto durante todo el estudio.

ACLARACIÓN

En este pasaje, la palabra *ayuno* es traducción de la palabra griega *nesteúo* (que significa "abstenerse de comida y bebida").

Mateo 6:1, 16–18

[1] "Cuídense de no practicar su justicia delante de los hombres para ser vistos por ellos; de otra manera no tendrán recompensa de su Padre que está en los cielos.

[16] "Y cuando ayunen, no pongan cara triste, como los hipócritas; porque ellos desfiguran sus rostros para mostrar a los hombres que están ayunando. En verdad les digo *que ya* han recibido su recompensa.

[17] "Pero tú, cuando ayunes, unge tu cabeza y lava tu rostro,

[18] para no hacer ver a los hombres que ayunas, sino a tu Padre que está en secreto; y tu Padre, que ve en lo secreto, te recompensará.

DISCUTE

• ¿Qué aprendiste de marcar *cuando*?

• ¿Qué aprendiste de marcar las referencias al ayuno?

• Según lo leído en este pasaje, ¿te parece que Jesús esperaba que quienes lo estaban escuchando ayunarían? Explica tu respuesta.

• Si alguna vez has ayunado, describe tu experiencia y explica qué te motivó a ayunar y cuál fue el resultado.

OBSERVA

Hemos visto lo que Jesús esperaba de Sus seguidores en cuanto al ayuno; pero, ¿alguna vez lo practicó Él mismo?

Líder: Lee Mateo 4:1-4 en voz alta y pide al grupo que...
- *Marque cada referencia a **Jesús**, incluyendo sus pronombres, con una cruz como ésta:* †
- *Encierre en un círculo la palabra **ayunado**.*

DISCUTE

- ¿Qué aprendiste de marcar las referencias a Jesús?

- ¿Qué revela este pasaje acerca de Su perspectiva con respecto al ayuno?

Mateo 4:1–4

¹ Entonces Jesús fue llevado por el Espíritu (Santo) al desierto para ser tentado (puesto a prueba) por el diablo.

² Después de haber ayunado cuarenta días y cuarenta noches, entonces tuvo hambre.

³ Y acercándose el tentador, Le dijo: "Si eres Hijo de Dios, ordena que estas piedras se conviertan en pan."

⁴ Pero Jesús le respondió: "Escrito está: 'No Solo De Pan Vivira El Hombre, Sino De Toda Palabra Que Sale De La Boca De Dios.'"

Isaías 58:1–3a

¹ "Clama a voz en cuello, no te detengas. Alza tu voz como trompeta, Declara a Mi pueblo su transgresión Y a la casa de Jacob sus pecados.

² Con todo Me buscan día tras día y se deleitan en conocer Mis caminos, Como nación que hubiera hecho justicia, Y no hubiera abandonado la ley de su Dios. Me piden juicios justos, Se deleitan en la cercanía de Dios.

³ᵃ *Dicen*: '¿Por qué hemos ayunado, y Tú no *lo* ves? ¿*Por qué* nos hemos humillado, y Tú no haces caso?'

OBSERVA

Ahora vayamos a Isaías 58, el pasaje más exhaustivo acerca del ayuno en toda la Biblia. Este mensaje originalmente fue dirigido al pueblo de Dios, a los judíos. Sin embargo, sabemos por Romanos 15:4 que "… todo lo que fue escrito en tiempos pasados, para nuestra enseñanza se escribió".

El contexto de este pasaje es que el pueblo de Dios había estado ayunando con el espíritu equivocado. Aunque exteriormente parecían sinceros, Dios conocía sus corazones y había visto sus intentos de manipularlo.

Líder: Lee Isaías 58:1-3a en voz alta y pide al grupo que…
- *Subraye todas las referencias a **Mi pueblo**, incluyendo sus pronombres y sinónimos como **la casa de Jacob**.*
- *Encierre en un círculo cada referencia al **ayuno**.*

ACLARACIÓN

En este pasaje, la palabra *ayunado* es traducción de la palabra hebrea *tsum* (que significa "abstenerse de comida"). El único ayuno que Dios requería de Su pueblo ocurría cada año en el Día de la Expiación (Yom Kippur). Sin embargo, el ayuno también se practicaba en diferentes circunstancias como medio para buscar la ayuda de Dios.

La palabra *humillado*, traducida de la palabra hebrea *aná*, aquí se refiere a inclinarse o hacer un acto de contrición.

DISCUTE

• ¿Qué le dijo Dios a Isaías que hiciera, en el versículo 1?

• ¿Qué aprendiste al marcar las referencias al pueblo de Dios? ¿Qué estaba pasando con ellos?

• En el versículo 3, ¿qué otra acción es descrita juntamente con el ayuno?

• El pueblo de Dios se veía aparentemente sincero y deseoso; sin embargo, ¿de haber sido verdaderamente sinceros, crees que Dios habría llamado "pecado" a lo que ellos estaban haciendo? Explica tu respuesta.

• La gente iba al templo, obedecía las leyes de Dios, ayunaba y parecía deseosa de complacer y buscar a Dios; pero su adoración era solamente una demostración exterior. ¿Qué te dice esto con respecto a la condición de sus corazones?

• De lo visto hasta ahora, ¿consideras que a Dios le importa más nuestra apariencia exterior o la condición de nuestro corazón?

Isaías 58:3b–5

³ᵇ Pero en el día de su ayuno buscan su conveniencia Y oprimen a todos sus trabajadores.

⁴ Ayunan para discusiones y riñas, Y para herir con un puño malvado. No ayunen como hoy, Para que se oiga en lo alto su voz.

OBSERVA

Continuemos observando Isaías 58.

Líder: Lee Isaías 58:3b-5 en voz alta y pide al grupo que...
   • *Subraye las palabras __su__ y __sus__.*
   • *Encierre en un círculo cada referencia a la palabra __ayuno__.*

DISCUTE
• ¿Cómo describió Dios la manera en que Israel estaba ayunando?

• ¿Qué tipo de prácticas tenía Israel cuando ayunaba, de acuerdo con el versículo 3?

• ¿Acerca de qué amonestó Dios al pueblo, en el versículo 4? ¿Verdaderamente se habían humillado, como lo habían declarado con anterioridad? Explica tu respuesta.

• ¿Encontró Dios aceptables las prácticas exteriores de Israel? ¿Por qué sí o por qué no?

• De acuerdo a lo que has leído, consideras que para ser escuchado por Dios ¿resulta sufiente con el ritual externo del ayuno? Explica tu respuesta.

5 ¿Es ése el ayuno que Yo escogí para que un día se humille el hombre? ¿Es acaso para que incline su cabeza como un junco, Y para que se acueste en cilicio y ceniza? ¿Llamarán a esto ayuno y día acepto al Señor?

Isaías 58:6–12

⁶ ¿No es éste el ayuno que Yo escogí: Desatar las ligaduras de impiedad, Soltar las coyundas del yugo, Dejar ir libres a los oprimidos, Y romper todo yugo?

⁷ ¿No es para que compartas tu pan con el hambriento, Y recibas en casa a los pobres sin hogar; Para que cuando veas al desnudo lo cubras, Y no te escondas de tu semejante?

⁸ Entonces tu luz despuntará como la aurora, Y tu recuperación brotará con rapidez. Delante de ti irá tu justicia; Y la gloria del SEÑOR será tu retaguardia.

OBSERVA

Escuchemos lo que Dios continúa diciendo en Isaías 58.

Líder: Lee en voz alta Isaías 58:6-12 y pide al grupo que ...
- *Encierre en un círculo cada referencia al **ayuno**.*
- *Marque cada referencia al SEÑOR, incluyendo sus pronombres, con un triángulo:* △
- *Subraye cada referencia a **Israel**, incluyendo sus pronombres como **tu**, **tus**, **te** y **ti**.*

DISCUTE

- ¿Cuál dijo Dios a Israel que era el tipo correcto de ayuno? ¿Cuál sería el resultado de un ayuno así?

- Contrasta esto con Isaías 58:3b-5. ¿Cuál tipo de ayuno revela un corazón verdaderamente interesado en los asuntos espirituales? Explica tu respuesta.

- ¿Qué prometió Dios hacer si Israel ayunaba conforme a Sus deseos?

OBSERVA

El guardar el día de reposo era un termómetro de la fe en el pacto Mosaico. Una persona que guardaba el día de reposo, de acuerdo a la Ley, estaba reconociendo su dependencia de Dios buscándolo por encima de sus propios deseos.

Líder: Lee Isaías 58:13-14 en voz alta y pide al grupo que...
- *Subraye con una línea doble cada referencia al __día de reposo__, incluyendo sus pronombres y el sinónimo __día santo__.*
- *Subraye cada referencia a **Israel**, incluyendo los pronombres **tu** y **tus** como lo hicieron anteriormente.*
- *Marque con un triángulo cada referencia al **SEÑOR**, incluyendo sus pronombres.*

ACLARACIÓN

Éxodo 20:11 dice: "Porque en seis días hizo el SEÑOR los cielos y la tierra, el mar y todo lo que en ellos hay, y reposó en el séptimo día. Por tanto, el SEÑOR bendijo el día de reposo y lo santificó". El séptimo día de la semana debía guardarse como "el día de reposo para el SEÑOR" (Éxodo 20:8-11). En ese día nadie, incluyendo sirvientes y visitantes, debía trabajar.

⁹ Entonces invocarás, y el SEÑOR responderá; Clamarás, y El dirá: 'Aquí estoy.' Si quitas de en medio de ti el yugo, El amenazar con el dedo y el hablar iniquidad,

¹⁰ Y si te ofreces ayudar al hambriento, Y sacias el deseo del afligido, Entonces surgirá tu luz en las tinieblas, Y tu oscuridad *será* como el mediodía.

¹¹ El SEÑOR te guiará continuamente, Saciará tu deseo en los lugares áridos Y dará vigor a tus huesos. Serás como huerto regado Y como manantial cuyas aguas nunca faltan.

¹² Los tuyos reedificarán las ruinas antiguas. Tú levantarás los cimientos de generaciones pasadas, Y te llamarán reparador de brechas, Restaurador de calles donde habitar.

Isaías 58:13–14

¹³ Si por causa del día de reposo apartas tu pie Para no hacer lo que te plazca en Mi día santo, Y llamas al día de reposo delicia, al *día* santo del Señor, honorable, Y lo honras, no siguiendo tus caminos, Ni buscando tu placer, Ni hablando de *tus propios* asuntos,

¹⁴ Entonces te deleitarás en el Señor, Y Yo te haré cabalgar sobre las alturas de la tierra, Y te alimentaré *con* la heredad de tu padre Jacob; Porque la boca del Señor ha hablado."

DISCUTE

• Para agradar a Dios, ¿qué tenía que hacer el pueblo de Israel, con respecto a su manera de guardar el día de reposo?

• ¿Qué haría Dios por Israel si el pueblo guardaba el día de reposo con la actitud correcta?

• En estos versículos acerca del día de reposo, ¿qué similitudes encuentras relacionadas con los pasajes anteriores sobre el comportamiento y actitud de Israel respecto al ayuno?

• Discute los principios, en caso de haberlos, que puedas discernir de estos pasajes en relación a la respuesta de Dios para con la actitud del corazón de una persona.

OBSERVA

Debido al grave estado de perversión de ellos, Dios traería salvación; y nuevamente les habló del pecado del pueblo y de cómo evitaba que Él los escuchara.

Líder: Lee Isaías 59:1-2 en voz alta y pide al grupo que...
- *Marque cada referencia al SEÑOR, incluyendo sus pronombres y sinónimos, con un triángulo.*
- *Subraye cada referencia a las palabras ustedes y su.*

DISCUTE

- ¿Qué aprendiste al marcar *ustedes* y *su*?

- ¿Qué aprendiste al marcar las referencias al SEÑOR?

- ¿Qué quería decir el SEÑOR? ¿Es que acaso Él *no puede* escuchar o salvar?

- De todo lo que hemos visto en esta lección, ¿qué has aprendido acerca del ayuno?

Isaías 59:1–2

¹ La mano del SEÑOR no se ha acortado para salvar; Ni Su oído se ha endurecido para oír.

² Pero las iniquidades de ustedes han hecho separación entre ustedes y su Dios, Y los pecados le han hecho esconder Su rostro para no escuchar*los*.

FINALIZANDO

¿Qué se requiere para estar cerca de Dios y ser escuchado por Él? Vimos que Jesús esperaba que el ayuno fuera algo cotidiano en la vida de Sus seguidores; algo que sería recompensado por Dios. Además, Jesús mismo ayunó en el desierto.

El pueblo de Israel pensó que podía estar bien con Dios siguiendo simplemente el ritual del ayuno. Sin embargo, no eran escuchados por Él, y no entendían el por qué.

Y no eran escuchados... ¡debido al pecado! El pecado los separaba de Dios haciendo que Él no escuchara su clamor. A Dios le importaban tanto sus motivos como su comportamiento. El ayuno no tendría ningún efecto hasta que ellos enfrentaran su propio pecado.

La perspectiva del Dios eterno no ha cambiado desde los días de Isaías. Él aún quiere que nosotros le obedezcamos de corazón, y que no sigamos meramente un ritual. Si estamos viviendo en desobediencia el ayuno no podrá acercarnos a Dios. Él no escuchará. Y no es que Dios *no pueda* oír, sino que Él *elige* no escuchar el clamor del pecador que no se ha arrepentido.

¿Cuál es tu respuesta a esta advertencia de Dios? ¿Responderás diciendo: "Estoy bien, el Señor conoce mi corazón"? o ¿ayunarás, examinando tu corazón y tus caminos para ver si hay algo en ti que no agrada al Señor (Salmo 139:23-24)?
Si realmente quieres acercarte a Dios, encontrarás que solo puedes hacerlo de acuerdo a Su Palabra.

La semana pasada vimos en Isaías que el ayuno tiene como objetivo examinar tu vida y llevarte al arrepentimiento del pecado para tener un corazón de acuerdo a la voluntad de Dios. También vimos que los rituales religiosos externos no son suficientes para tener comunión con Dios. El ejemplo de Israel nos demuestra que el ayuno, cuando se practica como un ritual, no santifica a nadie.

En nuestros días no son muy frecuentes las convocatorias al ayuno, y tampoco se trata de una práctica común. ¿Será acaso porque no reconocemos nuestro pecado? Esta semana exploraremos un poco más la relación existente entre el ayuno y el pecado.

OBSERVA

Apenas guió Dios a los israelitas fuera de Egipto, ellos eligieron el pecado por sobre la justicia. Leamos lo que Moisés dijo acerca de estos eventos, cuarenta años después, cuando recordó al pueblo su comportamiento y el efecto sobre su relación con Dios.

Líder: Lee Deuteronomio 9:9-19 en voz alta y pide al grupo que...

- *Dibuje un rectángulo alrededor de cada referencia a **Moisés**, incluyendo sus pronombres:*
- *Subraye cada referencia a **los israelitas**, incluyendo sinónimos como **tu pueblo** y pronombres como **ustedes**, **les**, **su** y **ellos**.*
- *Encierre en un círculo cada referencia al **ayuno**.*
- *Observa cuidadosamente los sinónimos como **no comí pan ni bebí agua**.*

Deuteronomio 9:9–19

⁹ "Cuando subí al monte para recibir las tablas de piedra, las tablas del pacto que el Señor había hecho con ustedes, me quedé en el monte cuarenta días y cuarenta noches; no comí pan ni bebí agua.

¹⁰ "El Señor me dio las dos tablas de piedra escritas por el dedo de Dios; y en ellas *estaban* todas las palabras que el Señor les había dicho en el monte, de en medio del fuego, el día de la asamblea.

[11] "Y aconteció después de cuarenta días y cuarenta noches, que el SEÑOR me dio las dos tablas de piedra, las tablas del pacto.

[12] "Entonces el SEÑOR me dijo: 'Levántate; baja aprisa de aquí, porque tu pueblo que sacaste de Egipto se ha corrompido. Pronto se han apartado del camino que Yo les había ordenado; se han hecho un ídolo de fundición.'

[13] "También el SEÑOR me habló y dijo: 'He visto a este pueblo, y en verdad es un pueblo terco.

[14] 'Déjame que los destruya y borre su nombre de debajo del cielo; y de ti haré una nación más grande y más poderosa que ellos.'

DISCUTE

• ¿Qué aprendiste al marcar las referencias a Moisés?

• De acuerdo el versículo 14, ¿qué consideró hacer Dios con el pueblo? ¿Qué oferta le hizo Él a Moisés?

• ¿Qué provocó tanto la ira de Dios?

- ¿Cuántas veces ayunó Moisés en este pasaje, y por cuánto tiempo? Describe las circunstancias alrededor de cada ayuno.

- ¿Cuál era la motivación de Moisés para ayunar?

- ¿Qué principios, de haberlos, puedes encontrar aquí para nosotros y para nuestra nación?

15 "Y volví, y descendí del monte mientras el monte ardía en fuego, y las dos tablas del pacto estaban en mis dos manos.

16 "Y vi que en verdad ustedes habían pecado contra el SEÑOR su Dios. Se habían hecho un becerro de fundición; pronto se habían apartado del camino que el SEÑOR les había ordenado.

17 "Tomé las dos tablas, las arrojé de mis manos y las hice pedazos delante de ustedes.

18 "Entonces me postré delante del SEÑOR como al principio, por cuarenta días y cuarenta noches; no comí pan ni bebí agua, a causa de

todo el pecado que habían cometido al hacer lo malo ante los ojos del SEÑOR, provocando así Su ira.

19 "Porque temí la ira y el furor con que el SEÑOR estaba enojado contra ustedes para destruirlos, pero el SEÑOR me escuchó también esta vez.

1 Samuel 7:3–6

3 Entonces Samuel habló a toda la casa de Israel: "Si es que ustedes se vuelven al SEÑOR con todo su corazón, entonces quiten de entre ustedes los dioses extranjeros y a Astarot, y dirijan su corazón al SEÑOR, y sírvanle sólo a El; y El los librará de la mano de los Filisteos."

OBSERVA
Al igual que Moisés, Samuel también fue escogido por Dios para guiar a Su pueblo. El pasaje que estás por leer sucedió en un momento en que Israel sufría a manos de sus enemigos, los filisteos.

Líder: Lee 1 Samuel 7:3-6 en voz alta y pide al grupo que...
- *Subraye cada referencia a **la casa de Israel**, incluyendo sinónimos como **hijos de Israel** y pronombres como **su** y **ustedes**.*
- *Encierre en un círculo la palabra **ayunaron**.*

ACLARACIÓN

Baal (que significa "señor, dueño, poseedor o esposo") era el dios cananeo de la fertilidad.

Astarot era la diosa cananea de la fertilidad, el amor y la guerra. De acuerdo con la mitología griega, ella era la esposa de Baal.

DISCUTE
- ¿Qué estaba pidiendo Samuel que haga Israel, y por qué?

• ¿Cómo respondió el pueblo?

⁴ Los Israelitas quitaron a los Baales y a Astarot, y sirvieron sólo al SEÑOR.

• ¿Qué prometió hacer Samuel por el pueblo?

⁵ Y Samuel dijo: "Reúnan en Mizpa a todo Israel, y yo oraré al SEÑOR por ustedes."

• ¿Qué hicieron los israelitas en Mizpa, en relación a su pecado?

⁶ Se reunieron los Israelitas en Mizpa, y sacaron agua y *la* derramaron delante del SEÑOR, ayunaron aquel día y dijeron allí: "Hemos pecado contra el SEÑOR." Y Samuel juzgó a los Israelitas en Mizpa

• Compara la motivación que había detrás del ayuno de los israelitas en Mizpa con la motivación del ayuno de Moisés en Deuteronomio 9. ¿Qué similitudes o diferencias observas?

Daniel 9:1–5

¹ En el año primero de Darío, hijo de Asuero, descendiente de los Medos, que fue constituido rey sobre el reino de los Caldeos,

² en el año primero de su reinado, yo, Daniel, pude entender en los libros el número de los años en que, por palabra del SEÑOR que fue *revelada* al profeta Jeremías, debían cumplirse las desolaciones de Jerusalén: setenta años.

³ Volví mi rostro a Dios el Señor para buscarlo *en* oración y súplicas, en ayuno, cilicio y ceniza.

OBSERVA

Sesenta y seis años después que el reino de Judá fuera derrotado y su pueblo llevado a Babilonia, los Medo-Persas bajo el gobierno de Darío derrocaron el reino de Babilonia. Entonces Daniel, el exiliado judío, buscó las Escrituras para entender los eventos de los cuales él era parte vital; revelando así el inminente juicio de Dios a Belsazar, el rey de Babilonia. Daniel se dio cuenta que Jeremías había predicho que Israel estaría en Babilonia por setenta años, y por lo tanto entendió que la victoria de Darío significaba que el final de su cautiverio estaba cerca.

Líder: Lee Daniel 9:1-5 en voz alta y pide al grupo que...

- *Dibuje un rectángulo alrededor de cada referencia a **Daniel**, incluyendo sus pronombres.*
- *Encierre en un círculo la palabra **ayuno**.*
- *Subraye cada referencia al **pueblo de Dios**, buscando también cuidadosamente sus pronombres y sinónimos.*

ACLARACIÓN

Oración en este pasaje es traducción de la palabra hebrea *tefilá* (que significa "una súplica o pedido de Dios").

Súplicas es la traducción de la palabra hebrea *takjanún* (la cual describe cómo alguien inferior, con una cierta necesidad, acude a hacer un pedido a otro superior que posee lo que éste necesita). La respuesta favorable del superior a dicho pedido es una sincera respuesta de gracia.

DISCUTE

• ¿Qué aprendiste al marcar las referencias a Daniel?

• ¿Por qué Daniel se acercó a Dios de esa manera? ¿Qué había hecho Israel?

ACLARACIÓN

Pecado es la traducción de la palabra hebrea *kjatá* (la cual significa "errar, fracasar en cumplir las normas de Dios").

Iniquidad es la traducción de la palabra hebrea *avá* (la cual implica torcer o pervertir los patrones de Dios).

[4] Oré al SEÑOR mi Dios e hice confesión y dije: "Ay, Señor, el Dios grande y temible, que guarda el pacto y la misericordia para los que Lo aman y guardan Sus mandamientos,

[5] hemos pecado, hemos cometido iniquidad, hemos hecho lo malo, nos hemos rebelado y nos hemos apartado de Tus mandamientos y de Tus ordenanzas.

Nehemías 1:1–11

¹ Palabras de Nehemías, hijo de Hacalías: En el mes de Quisleu, en el año veinte *del rey Artajerjes de Persia*, estando yo en la fortaleza de Susa,

² vino Hananí, uno de mis hermanos, con algunos hombres de Judá, y les pregunté por los Judíos, los que habían escapado *y* habían sobrevivido a la cautividad, y por Jerusalén.

³ Y me dijeron: "El remanente, los que sobrevivieron a la cautividad allá en la provincia, están en gran aflicción y oprobio, y la muralla de Jerusalén está derribada y sus puertas quemadas a fuego."

• ¿Qué disciplinas acompañan al ayuno en este pasaje?

• ¿Qué crees que demuestran la ceniza y el cilicio?

• ¿Qué aprendiste acerca de cómo debe intercederse ante Dios por el pecado de una nación?

OBSERVA

Líder: Lee Nehemías 1:1-11 en voz alta y pide al grupo que...

- *Dibuje un rectángulo alrededor de cada referencia a **Nehemías**, incluyendo sus pronombres, variantes verbales y sinónimos como **tu sirviente**.*
- *Subraye cada referencia a los **judíos**, incluyendo sus sinónimos como **el remanente y los hijos de Israel**.*
- *Encierre en un círculo la palabra **ayunando**.*

ACLARACIÓN

La frase en *el año veinte* se refiere al vigésimo año del reinado del rey Artajerjes de Persia (445 a.C.); noventa años después que los primeros exiliados, también llamados "el remanente", habían vuelto de la cautividad en Babilonia.

El mes Quisleu corresponde a nuestros meses de Noviembre y Diciembre.

DISCUTE

• ¿Qué aprendiste al marcar las referencias a Nehemías? (Haz las seis preguntas básicas—quién, qué, cómo, cuándo, dónde y por qué—para ver lo que el texto te dice acerca de sus acciones en este pasaje). ¿Con *quién* se encontró Nehemías en este pasaje? ¿*Qué* estaba haciendo? ¿*Por qué* lo estaba haciendo?

⁴ Cuando oí estas palabras, me senté y lloré; hice duelo *algunos* días, y estuve ayunando y orando delante del Dios del cielo.

⁵ Y dije: "Te ruego, oh SEÑOR, Dios del cielo, el grande y temible Dios, que guarda el pacto y la misericordia para con aquéllos que Lo aman y guardan Sus mandamientos,

⁶ que estén atentos Tus oídos y abiertos Tus ojos para oír la oración de Tu siervo, que yo hago ahora delante de Ti día y noche por los Israelitas Tus siervos, confesando los pecados que los Israelitas hemos cometido contra Ti; sí, yo y la casa de mi padre hemos pecado.

[7] "Hemos procedido perversamente contra Ti y no hemos guardado los mandamientos, ni los estatutos, ni las ordenanzas que mandaste a Tu siervo Moisés.

- ¿Qué aprendiste al marcar las referencias a los judíos, al remanente?

[8] "Acuérdate ahora de la palabra que ordenaste a Tu siervo Moisés: '*Si* ustedes son infieles, Yo los dispersaré entre los pueblos;

- ¿Qué acciones acompañaron el ayuno de Nehemías?

[9] pero *si* se vuelven a Mí y guardan Mis mandamientos y los cumplen, aunque sus desterrados estén en los confines de los cielos, de allí los recogeré y los traeré al lugar que he escogido para hacer morar Mi nombre allí.'

- ¿Qué relación encuentras entre el pecado, el ayuno y la oración ofrecida por Nehemías?

- Al comparar la actitud y comportamiento de Nehemías con la de Daniel en el pasaje anterior, ¿qué puedes observar?

- Resume todo lo que has aprendido acerca del ayuno, particularmente aquello que lo hace más que un ritual religioso.

[10] "Ellos son Tus siervos y Tu pueblo, los que Tú redimiste con Tu gran poder y con Tu mano poderosa.

[11] "Te ruego, oh Señor, que Tu oído esté atento ahora a la oración de Tu siervo y a la oración de Tus siervos que se deleitan en reverenciar Tu nombre. Haz prosperar hoy a Tu siervo, y concédele favor delante de este hombre." Era yo entonces copero del rey.

FINALIZANDO

La semana pasada aprendimos que el ayuno no solamente involucra la abstinencia voluntaria de comida sino que también sirve como señal de humildad, contrición y reverencia ante Dios. Esta semana vimos a Moisés, Samuel, Daniel y Nehemías presentarse ante Dios e interceder por la nación; por el pecado de su pueblo. Ellos oraron pidiendo que Dios escuche y responda favorablemente; y sus oraciones fueron acompañadas de ayuno y otras acciones: vestirse de cilicio y ceniza, presentar ofrendas, luto, súplica y confesión de pecado.

Daniel y Nehemías se incluyeron a sí mismos en la confesión del pecado del pueblo, aunque es muy probable que ellos mismos no hubieran participado en esos actos de injusticia. Pero, al buscar el favor de Dios, no se apartaron ni se consideraron superiores a sus hermanos judíos. En vez de eso confesaron ser pecadores necesitados de la misericordia de Dios, y se humillaron por la nación.

¿Dónde están los líderes de hoy, los equivalentes modernos de Samuel y Moisés, quienes llamarán a sus organizaciones, iglesias y naciones a arrepentirse ante Dios? ¿Dónde están los Daniel y Nehemías quienes irán ante Dios para suplicar por compasión y perdón para ellos, y para quienes aman?

¿Serás tú uno de aquellos que se acerquen al corazón de Dios ayunando, arrepintiéndose y buscando Su misericordia para tu familia, tu iglesia, tu ministerio, tu comunidad y tu nación? Te instamos a considerar seriamente lo que pasará si realmente te dispones a hacerlo.

Hasta ahora hemos visto que el ayuno, cuando está acompañado de arrepentimiento y confesión sincera, es un acto de humildad que agrada a Dios y conduce a una comunión restaurada. Sin embargo, la confesión del pecado no es la única razón para ayunar o suplicar ante Dios. El ayuno también es una respuesta apropiada cuando enfrentamos circunstancias más allá de nuestro poder y control. Esta semana veremos ejemplos de cómo el ayuno puede jugar un papel importante cuando nos acercamos a Dios en humilde petición y súplica, para buscar Su intervención o Su dirección.

OBSERVA

Josafat era el rey de Judá—el reino del sur en la época del reino dividido.

Líder: Lee 2 Crónicas 20:1-4, 13-17 en voz alta y pide al grupo que…

- *Dibuje un rectángulo alrededor de cada referencia a* **Josafat**, *incluyendo sus pronombres y variantes verbales:*
- *Dibuje una flecha sobre cada referencia a la frase* **buscar al SEÑOR**, *como ésta:* ➡
- *Encierre en un círculo la palabra* **ayuno**.

DISCUTE

- Resume la situación que enfrentaban Josafat y su pueblo.

2 Crón. 20:1–4, 13–17

¹ Aconteció después de esto, que los Moabitas, los Amonitas, y con ellos *algunos* de los Meunitas, vinieron a pelear contra Josafat.

² Entonces vinieron algunos y dieron aviso a Josafat: "Viene contra ti una gran multitud de más allá del mar, de Aram y ya están en Hazezon Tamar, es decir, En Gadi."

³ Josafat tuvo miedo y se dispuso a buscar al SEÑOR, y proclamó ayuno en todo Judá.

⁴ Y Judá se reunió para buscar *ayuda* del SEÑOR; aun de todas las ciudades de Judá vinieron para buscar al SEÑOR.

¹³ Todo Judá estaba de pie delante del SEÑOR, con sus niños, sus mujeres y sus hijos.

¹⁴ Entonces el Espíritu del SEÑOR vino en medio de la asamblea sobre Jahaziel, hijo de Zacarías, hijo de Benaía, hijo de Jeiel, hijo de Matanías, Levita de los hijos de Asaf,

¹⁵ y dijo Jahaziel: "Presten atención, todo Judá, habitantes de

- ¿Cómo manejó Josafat esta situación?

- ¿Qué revela esto acerca de su carácter personal y cualidades como líder de la nación? Explica tu respuesta.

- De acuerdo al versículo 14, el Espíritu del Señor vino sobre Jahaziel; quien habló a todo Judá y al Rey Josafat. ¿Cuáles eran las instrucciones específicas dadas por Dios en los versículos 15-17?

• ¿Qué prometió Dios que pasaría si ellos obedecían Sus instrucciones, de acuerdo con el versículo 17?

• Piensa en algún momento en que te encontraste asustado y en una situación aparentemente imposible de resolver. ¿Pensaste en ayunar? ¿Por qué sí o por qué no?

OBSERVA
Líder: Lee 2 Crónicas 20:18-22 en voz alta y pide al grupo que ...
• *Dibuje un rectángulo alrededor de cada referencia a **Josafat**, incluyendo sus pronombres.*
• *Marque cada referencia al **SEÑOR**, incluyendo sus pronombres, con un triángulo:* △

Jerusalén y *tú*, rey Josafat: así les dice el SEÑOR: 'No teman, ni se acobarden delante de esta gran multitud, porque la batalla no es de ustedes, sino de Dios.

16 'Desciendan mañana contra ellos; pues ellos subirán por la cuesta de Sis, y los hallarán en el extremo del valle, frente al desierto de Jeruel.

17 'No *necesitan* pelear en esta *batalla*; tomen sus puestos y estén quietos, y vean la salvación del SEÑOR con ustedes, oh Judá y Jerusalén.' No teman ni se acobarden; salgan mañana al encuentro de ellos porque el SEÑOR está con ustedes."

2 Crónicas 20:18–22

¹⁸ Entonces Josafat se inclinó rostro en tierra, y todo Judá y los habitantes de Jerusalén se postraron delante del SEÑOR, adorando al SEÑOR.

¹⁹ Y se levantaron los Levitas, de los hijos de Coat y de los hijos de Coré, para alabar al SEÑOR, Dios de Israel, en voz muy alta.

²⁰ Se levantaron muy de mañana y salieron al desierto de Tecoa. Cuando salían, Josafat se puso en pie y dijo: "Oiganme, Judá y habitantes de Jerusalén, confíen en el SEÑOR su Dios, y estarán seguros. Confíen en Sus profetas y triunfarán."

DISCUTE

• Después que el pueblo ayunó para buscar la ayuda del SEÑOR, Él les habló a través de Jahaziel. ¿Cómo respondió Josafat y el pueblo después de escuchar al Señor, de acuerdo con los versículos 18 y 19?

• De acuerdo al versículo 20, ¿cuáles fueron las instrucciones de Josafat al pueblo? ¿Cuál sería el resultado si obedecían?

• ¿Qué se les instruyó hacer en el versículo 21 y cuál fue el resultado?

- Discute cómo se relaciona esto con todo lo que hemos visto hasta ahora en este pasaje, y cómo se relaciona con el llamado de Josafat a ayunar.

- ¿Qué principios encuentras aquí para confiar en el SEÑOR? ¿Qué significa confiar?

OBSERVA

Mardoqueo era un judío que servía al rey de Persia. Él había criado a Ester, quien era hija de su tío, como si fuera su propia hija, y Ester fue elegida reina; sin embargo, ningún persa sabía que Ester era judía.

El pasaje que estamos por leer comienza después que Amán, un consejero del rey, se enfureció contra Mardoqueo porque éste rehusó postrarse ante él; así pues, Amán persuadió al rey para que emitiera un decreto que le ayudara a obtener su venganza.

21 Después de consultar con el pueblo, designó a algunos que cantaran al SEÑOR y a algunos que *le* alabaran en vestiduras santas, conforme salían delante del ejército y que dijeran: "Den gracias al SEÑOR, porque para siempre es Su misericordia."

22 Cuando comenzaron a entonar cánticos y alabanzas, el SEÑOR puso emboscadas contra los Amonitas, los Moabitas y los del Monte Seir, que habían venido contra Judá, y fueron derrotados.

Ester 3:13, 4:1-3

¹³ Se enviaron cartas por medio de los correos a todas las provincias del rey para destruir, matar y exterminar a todos los Judíos, jóvenes y ancianos, niños y mujeres, en un solo día, el *día* trece del mes doce, que es el mes de Adar, y sus posesiones dadas al saqueo.

¹ Cuando Mardoqueo supo todo lo que se había hecho, rasgó sus vestidos, se vistió de cilicio y ceniza, y salió por la ciudad, lamentándose con grande y amargo clamor.

² Y llegó hasta la puerta del rey, porque nadie podía entrar por la puerta del rey vestido de cilicio.

Líder: Lee Ester 3:13 y 4:1-3 en voz alta y pide al grupo que...

- *Subraye cada referencia a los **judíos**, incluyendo sus pronombres.*
- *Dibuje un rectángulo alrededor de cada referencia a **Mardoqueo**, incluyendo sus pronombres.*
- *Encierre en un círculo la palabra **ayuno**.*

DISCUTE

- Describe en detalle el destino que Amán había planeado para los judíos en Persia y cuándo habría de ocurrirles.

- Siendo judío, ¿cómo respondió Mardoqueo a todo esto?

- ¿Por qué estaban ayunando los judíos y qué acompañaba su ayuno?

ACLARACIÓN

El cilicio era una tela negra hecha de pelo de cabra, que se usaba durante el luto. Las cenizas también se esparcían sobre la cabeza o sobre el cilicio en señal de luto.

OBSERVA

Después de recibir la noticia del lamento y clamor de Mardoqueo, por medio de sus doncellas y eunucos, Ester envió a su sirviente Hatac para averiguar lo que estaba pasando. Mardoqueo le dio una copia del edicto para ser mostrada a Ester y le explicó cómo había ocurrido esto. Mardoqueo insistió a Ester para que ella fuese ante el rey a interceder por su pueblo. Sin la intervención del rey, Ester, Mardoqueo, y todo su pueblo serían aniquilados. El problema era que Ester no había sido llamada por el rey durante treinta días; y la ley prohibía, bajo pena de muerte, que cualquiera se acercase ante el rey sin su invitación.

Líder: Lee Ester 4:13-5:3 en voz alta y pide al grupo que...
- *Marque cada referencia a **Ester**, incluyendo sus pronombres, con una **E** mayúscula.*
- *Dibuje un rectángulo alrededor de cada referencia a **Mardoqueo**, incluyendo sus pronombres.*
- *Encierre en un círculo cada referencia al **ayuno**, buscando cuidadosamente frases sinónimas.*

³ En cada una de las provincias *y* en todo lugar donde llegaba la orden del rey y su decreto, había entre los Judíos gran duelo y ayuno, llanto y lamento. Muchos se acostaban sobre cilicio y ceniza.

Ester 4:13–5:3

¹³ Entonces Mardoqueo *les* dijo que respondieran a Ester: "No pienses que *estando* en el palacio del rey *sólo* tú escaparás entre todos los Judíos.

¹⁴ "Porque si permaneces callada en este tiempo, alivio y liberación vendrán de otro lugar para los Judíos, pero tú y la casa de tu padre perecerán. ¿Y quién sabe si para una ocasión como ésta tú habrás llegado a ser reina?"

15 Y Ester *les* dijo que respondieran a Mardoqueo:

16 "Ve, reúne a todos los Judíos que se encuentran en Susa y ayunen por mí; no coman ni beban por tres días, ni de noche ni de día. También yo y mis doncellas ayunaremos. Y así iré al rey, lo cual no es conforme a la ley; y si perezco, perezco."

17 Y Mardoqueo se fue e hizo conforme a todo lo que Ester le había ordenado.

5:1 Al tercer día Ester se vistió con sus vestiduras reales y se puso en el atrio interior del palacio del rey delante de los aposentos del rey. El rey estaba sentado en su trono real en el aposento

DISCUTE

• Resume el mensaje de Mardoqueo a Ester.

• ¿Cuál fue la respuesta de Ester?

• Intenta formular las seis preguntas básicas—quién, qué, cómo, cuándo, dónde y por qué—para ver lo que puedes aprender acerca del ayuno en este pasaje. *¿Quién* ayunó? *¿Por qué* ayunaron? *¿Por cuánto* tiempo ayunaron?

• Después del período de ayuno, Ester estaba lista para ir ante el rey con su petición. ¿Cómo respondió el rey?

ACLARACIÓN

A Mardoqueo finalmente le fue dada una posición de autoridad; la cual aprovechó para hacer la voluntad de Dios, y así los judíos vencieron a sus enemigos. Mardoqueo y Ester establecieron la Fiesta de Purim, una conmemoración de dos días por la bondad del SEÑOR, Quien obró a través de las circunstancias para proteger a Su pueblo de la aniquilación aún cuando estaban en el exilio.

Mardoqueo decretó que los judíos debían celebrar anualmente este evento con gran regocijo, banquetes y compartiendo con los pobres.

• ¿Has sido testigo de alguna ocasión en que el ayuno resultara en una respuesta clara de la gracia de Dios?

Líder: Invita a alguien del grupo para que comparta su testimonio del resultado de un ayuno personal o comunitario.

del trono, frente a la entrada del palacio.

2 Cuando el rey vio a la reina Ester de pie en el atrio, ella obtuvo gracia ante sus ojos; y el rey extendió hacia Ester el cetro de oro que *estaba* en su mano. Ester entonces se acercó y tocó el extremo del cetro.

3 Y el rey le dijo: "¿Qué te *preocupa*, reina Ester? ¿Y cuál es tu petición? Hasta la mitad del reino se te dará."

Esdras 8:21–23, 31

21 Entonces proclamé allí, junto al río Ahava, un ayuno para que nos humilláramos delante de nuestro Dios a fin de implorar de El un viaje feliz para nosotros, para nuestros pequeños y para todas nuestras posesiones.

22 Porque tuve vergüenza de pedir al rey tropas y hombres de a caballo para protegernos del enemigo en el camino, pues habíamos dicho al rey: "La mano de nuestro Dios es propicia para con todos los que Lo buscan, pero Su poder y Su ira contra todos los que Lo abandonan."

OBSERVA

Esdras era un sacerdote y escriba que había salido de Babilonia liderando un grupo de judíos de regreso a Judá después de los setenta años de cautividad.

Líder: Lee Esdras 8:21-23, 31 en voz alta y pide al grupo que…
- *Dibuje un rectángulo alrededor de cada referencia a **Esdras**, incluyendo sus pronombres.*
- *Encierre en un círculo cada referencia al **ayuno**.*
- *Dibuje una flecha sobre cada referencia a **implorar de Él**, **Lo buscan** (Dios).*

DISCUTE

- Discute lo que aprendiste de marcar y observar las referencias a Esdras. Describe lo que estaba pasando.

- ¿Cuál era el propósito de Esdras al llamar al ayuno?

• ¿Qué sucedió como resultado del ayuno y la búsqueda de Dios por parte del pueblo?

• ¿Qué has aprendido esta semana acerca del ayuno? ¿En qué diferentes circunstancias fue utilizado el ayuno para buscar la ayuda y guía de Dios?

23 Ayunamos, pues, y pedimos a nuestro Dios acerca de esto, y El escuchó nuestra súplica.

31 Partimos del río Ahava el *día* doce del mes primero para ir a Jerusalén; y la mano de nuestro Dios estaba sobre nosotros, y nos libró de mano del enemigo y de las emboscadas en el camino.

FINALIZANDO

Como vimos esta semana, el ayuno no solamente es para confesión y arrepentimiento, sino que también es una acción apropiada para cuando enfrentamos situaciones fuera de nuestro control, cosas que no podemos resolver pero que Dios sí. Es entonces cuando le pedimos a Dios porque Él es Dios.

• ¿Qué estás enfrentando hoy en día, que pareciera ser una situación imposible de resolver?

• Tal vez tú, al igual que Ester, estés en un conflicto entre lo correcto y lo incorrecto; y tomar una postura podría poner en riesgo tu seguridad personal.

• Tal vez tu familia está enfrentando una situación grave sobre la cual no tienes control.

• ¿Ha venido algún enemigo—espiritual o físico—contra ti, y no sabes qué hacer?

• ¿Te encuentras tú, o alguien que amas, amenazado por la enfermedad, bancarrota financiera, un matrimonio quebrantado o el desempleo?

Cuando tu mundo se desmorona y parece que toda esperanza está perdida, ¿tomas las cosas en tus propias manos, tratando de hacer desesperadamente que las cosas funcionen? ¿O tienes la fe necesaria para humillarte mediante el ayuno y buscar el rostro de Dios, esperar, escucharlo y caminar en obediencia?

En ciertas ocasiones, cuando un líder convocaba al ayuno en Israel, la Biblia lo describe como una asamblea solemne. En otras palabras, ya que había un interés o situación común, y la creencia común que podrían rogar a Dios y Él los escucharía, el pueblo decidía reunirse para ayunar.

Veamos el registro bíblico de esta semana para ver qué podemos discernir acerca de las asambleas solemnes y el ayuno.

OBSERVA

El profeta Joel habló al pueblo de Judá después que una plaga de langostas había devastado su tierra. Observemos cómo él les desafió a que respondieran.

Líder: Lee Joel 1:13-15 en voz alta y pide al grupo que...

- *Subraye cada referencia a **sacerdotes** o **ministros**, incluyendo sus pronombres.*
- *Encierre en un círculo la palabra* (ayuno)
- *Subraye con una línea doble la palabra **asamblea**.*

DISCUTE

- ¿Qué se les dijo a los sacerdotes que hicieran?

- ¿Por qué tenían que hacerlo?

Joel 1:13–15

¹³ Cíñanse *de cilicio* , Y laméntense, sacerdotes; Giman, ministros del altar. Vengan, pasen la noche *ceñidos* de cilicio, Ministros de mi Dios, Porque sin ofrenda de cereal y sin libación Ha quedado la casa de su Dios.

¹⁴ Promulguen ayuno, Convoquen asamblea; Congreguen a los ancianos *Y* a todos los habitantes de la tierra En la casa del Señor su Dios, Y clamen al Señor.

15 ¡Ay de *ese* día! Porque está cerca el día del SEÑOR, Y vendrá como destrucción del Todopoderoso (Shaddai).

ACLARACIÓN

La Ley requería una asamblea en el séptimo día de la Fiesta de los Panes Sin Levadura y al octavo día de la Fiesta de los Tabernáculos. Las asambleas no eran requeridas para otras ocasiones, pero podían convocarse de ser necesario.

- ¿Qué observaste en el versículo 14 acerca de la asamblea? Responde tantas de las seis preguntas básicas como puedas: quién, qué, cómo, cuándo, dónde, y por qué.

Joel 2:1, 12–17

1 Toquen trompeta en Sion, Y suenen alarma en Mi santo monte. Tiemblen todos los habitantes de la tierra, Porque viene el día del SEÑOR; Ciertamente está cercano,

12 "Aun ahora," declara el SEÑOR "vuelvan a Mí de

OBSERVA

Líder: Lee los versículos seleccionados de Joel en voz alta y pide al grupo que...
- *Marque cada referencia al SEÑOR, incluyendo sus pronombres, con un triángulo:* △
- *Encierre en un círculo cada referencia al* **ayuno**.
- *Subraye con una línea doble la palabra* **asamblea**.

DISCUTE

• ¿Qué aprendiste al marcar las referencias al SEÑOR? ¿Qué aprendiste del carácter de Dios?

• ¿Qué le dijo Él al pueblo que hiciera?

• ¿Qué le estaba diciendo Él a los sacerdotes que hicieran, y por qué?

• ¿Qué aprendiste al marcar *ayuno*?

• ¿*Quién* iba a ser reunido o convocado? ¿*Qué* actividades debían acompañar la asamblea? ¿*Por qué* debían congregarse?

todo corazón, Con ayuno, llanto y lamento.

13 Rasguen su corazón y no sus vestidos." Vuelvan ahora al SEÑOR su Dios, Porque El es compasivo y clemente, Lento para la ira, abundante en misericordia, Y se arrepiente de *infligir* el mal.

14 ¿Quién sabe si reconsidere y se apiade, Y deje tras sí bendición, *Es decir*, ofrenda de cereal y libación Para el SEÑOR su Dios?

15 Toquen trompeta en Sion, Promulguen ayuno, convoquen asamblea.

16 Reúnan al pueblo, santifiquen la asamblea, Congreguen a los

ancianos, Reúnan a los pequeños y a los niños de pecho. Salga el novio de su aposento Y la novia de su alcoba.

¹⁷ Entre el pórtico y el altar, Lloren los sacerdotes, ministros del SEÑOR, Y digan: "Perdona, oh SEÑOR, a Tu pueblo, Y no entregues Tu heredad al oprobio, A la burla entre las naciones. ¿Por qué han de decir entre los pueblos: 'Dónde está su Dios?'"

Amós 5:11–12, 21–24

¹¹ Por tanto, ya que imponen fuertes impuestos sobre el pobre Y exigen de él tributo de grano, Las casas de piedra labrada que han edificado, No las habitarán; Han plantado viñas

OBSERVA

Amós profetizó al reino del norte, Israel, durante un tiempo de prosperidad. Veamos lo que Dios dijo, a través de Su profeta, acerca del comportamiento del pueblo durante este tiempo de riqueza y cómo había afectado su relación con Él.

Líder: Lee en voz alta los versículos seleccionados de Amós 5 y pide al grupo que...
- *Dibuje un triángulo sobre cada inferencia verbal y los pronombres **yo**, **Me** y **Mí** que se refieren a Dios, Quien está hablando en este pasaje.*
- *Subraye con una línea doble la frase **asambleas solemnes**.*

DISCUTE

- ¿Qué aprendiste de marcar las referencias a Dios?

- ¿Qué aprendiste acerca de las asambleas solemnes?

• ¿Cómo explica el versículo 24 lo que Dios dijo en los versículos 21-23?

OBSERVA

Isaías advirtió al reino del sur, Judá, acerca del juicio que vendría por su pecado, rebelión e idolatría. Veamos cómo se sentía Dios acerca de la actitud del pueblo para con Él.

Líder: Lee los versículos seleccionados de Isaías en voz alta y pide al grupo que...
• *Subraye cada referencia al **pueblo de Israel**, incluyendo sus pronombres y sinónimos e inferencias verbales.*
• *Dibuje una línea inclinada como ésta ╱ sobre cada referencia al **pecado**; buscando cuidadosamente sus sinónimos como **corrompidos** e **iniquidad**.*
• *Subraye con una línea doble las frases **convocar asambleas** y **asambleas solemnes**.*

escogidas, pero no beberán su vino.

12 Pues yo sé que muchas son sus transgresiones y graves sus pecados: Oprimen al justo, aceptan soborno Y rechazan a los pobres en la puerta (de la ciudad).

21 "Aborrezco, desprecio sus fiestas, Tampoco Me agradan sus asambleas solemnes.

22 Aunque ustedes Me ofrezcan holocaustos y sus ofrendas de grano, No *los* aceptaré; Ni miraré a las ofrendas de paz de sus animales cebados.

23 Aparten de Mí el ruido de sus cánticos, Pues no escucharé ni siquiera la música de sus arpas.

²⁴ Pero corra el juicio como las aguas Y la justicia como una corriente inagotable.

Isaías 1:2–4, 11–15

² Oigan, cielos, y escucha, tierra, Porque el SEÑOR habla: "Hijos crié y los hice crecer, Pero ellos se han rebelado contra Mí.

³ El buey conoce a su dueño Y el asno el pesebre de su amo; *Pero* Israel no conoce, Mi pueblo no tiene entendimiento."

⁴ ¡Ay, nación pecadora, Pueblo cargado de iniquidad, Generación de malvados, Hijos corrompidos! Han abandonado al SEÑOR, Han despreciado al Santo de Israel, Se han apartado de El.

DISCUTE

• ¿Qué aprendiste de marcar las referencias al pueblo? Describe su relación con Dios durante ese tiempo.

• ¿Cómo se sentía Dios acerca de sus asambleas solemnes, y por qué?

• ¿Ves alguna relación entre el estado del corazón del hombre y sus rituales religiosos?

OBSERVA

Probablemente recuerdes la historia de Jonás desobedeciendo las instrucciones de Dios de ir a Nínive, y encontrándose consecuentemente en el vientre de un gran pez. Después que Jonás se arrepintió de su desobediencia, Dios lo envió nuevamente a Nínive a proclamar al pueblo arrepentimiento. Veamos cómo respondió el pueblo a su mensaje.

Líder: Lee Jonás 3 en voz alta y pide al grupo que...
* *Encierre en un círculo la palabra* **ayuno** *y sus sinónimos.*
* *Dibuje una flecha sobre la frase* **clamen a Dios**, *como ésta:* ➜
* *Marque de esta manera* ⤳ *las palabras* **vuélvase** *y* **apartado**.

DISCUTE

* Discute los eventos de este capítulo. ¿Qué estaba sucediendo?

11 "¿Qué es para Mí la abundancia de sus sacrificios?" Dice el Señor. "Cansado estoy de holocaustos de carneros, Y de sebo de ganado cebado; La sangre de novillos, corderos y machos cabríos no me complace.

12 Cuando vienen a presentarse delante de Mí, ¿Quién demanda esto de ustedes, de que pisoteen Mis atrios?

13 No traigan más sus vanas ofrendas, El incienso Me es abominación. Luna nueva y día de reposo, el convocar asambleas: ¡No tolero iniquidad y asamblea solemne!

14 Sus lunas nuevas y sus fiestas señaladas las aborrece Mi alma.

Se han vuelto una carga para Mí, Estoy cansado de soportar*las*.

15 Cuando extiendan sus manos, Esconderé Mis ojos de ustedes. Sí, aunque multipliquen las oraciones, No escucharé. Sus manos están llenas de sangre.

Jonás 3:1–10

1 La palabra del SEÑOR vino por segunda vez a Jonás:

2 "Levántate, ve a Nínive, la gran ciudad, y proclama en ella el mensaje que Yo te diré."

3 Y Jonás se levantó y fue a Nínive conforme a la palabra del SEÑOR. Nínive era una

• ¿Por qué ayunó la gente de Nínive?

• ¿Qué otra cosa hizo la gente de Nínive además de ayunar?

• Cuando Jonás predicó el mensaje que Dios le había dado para Nínive, el pueblo ayunó y se arrepintió de su pecado. Aunque la frase "asamblea solemne" no se utiliza en este pasaje, en esencia aquel rey gentil convocó una asamblea solemne cuando escuchó el mensaje del profeta. El resultado fue que Dios no trajo calamidad sobre ellos. ¿Cómo se compara esto con lo que Amós, Joel e Isaías predicaron; y qué aprendiste acerca de Dios en estos pasajes?

ciudad muy grande, de un recorrido de tres días.

4 Entonces Jonás comenzó a recorrer la ciudad camino de un día, y proclamaba: "Dentro de cuarenta días Nínive será arrasada."

5 Entonces los habitantes de Nínive creyeron en Dios, y proclamaron ayuno y se vistieron de cilicio desde el mayor hasta el menor de ellos.

6 Cuando llegó la noticia al rey de Nínive, se levantó de su trono, se despojó de su manto, se cubrió de cilicio y se sentó sobre ceniza.

7 Y mandó proclamar y anunciar en Nínive, por decreto del rey

y de sus grandes: "Ni hombre ni animales, ni buey ni oveja prueben cosa alguna. No dejen que pasten o beban agua.

8 "Cúbranse de cilicio hombres y animales, y clamen a Dios con fuerza, y vuélvase cada uno de su mal camino y de la violencia que hay en sus manos.

9 "¡Quién sabe! Quizá Dios se vuelva, se arrepienta y aparte el ardor de Su ira, y no perezcamos."

10 Cuando Dios vio sus acciones, que se habían apartado de su mal camino, entonces Dios se arrepintió del mal que había dicho que les haría, y no *lo* hizo.

FINALIZANDO

La Ley requería que Israel convocara asambleas solemnes al final de las fiestas de los Panes sin Levadura y los Tabernáculos, pero éstas no eran para ayunar. La Ley solamente mandaba ayunar en el día de la Expiación.

Además de congregarse para las fiestas anteriormente mencionadas, Israel también celebraba las llamadas "asambleas solemnes" en ocasiones especiales, en tiempos de necesidad nacional en que iban a rogar a Dios. En el caso de Israel, las súplicas nacionales y religiosas hacia Dios eran lo mismo; ya que Israel era una nación en teocracia, gobernada por Dios, y el pecado era su principal problema.

Los profetas habían advertido a Israel que Dios no estaba contento con Su pueblo; pues, aunque continuaban con sus rituales religiosos, como nación estaban tolerando la iniquidad y habían rechazado la justicia y la verdad.

Las asambleas solemnes eran convocadas para enseñarle a Israel que su pecado era comunitario y no tan solo individual; puesto que una gran asamblea de personas despierta una mayor conciencia de las dimensiones de la crisis. La esperanza era que la exposición pública de lo profundo de su depravación general y de la superficialidad de sus actividades religiosas, motivaría al arrepentimiento general y el volverse a Dios.

Hoy en día, cuando pensamos en la gran necesidad general, podemos pensar en la iglesia que está bajo el gobierno y autoridad de Dios. Y antes de juzgar a Israel, tal vez deberíamos confesar los pecados de la iglesia. Resulta un hecho, que casi todas y cada una de las casas en Estados Unidos tiene una Biblia, que existen muchas iglesias y que la mayoría de la gente dice ser religiosa. Pero, ¿qué impacto tiene toda esta "religión" en la actualidad? Puesto que las cifras de divorcio, inmoralidad y crimen aumentan tanto dentro como fuera de la iglesia.

Tal vez, como aquellos adoradores en los días de los profetas, nos encontremos meramente siguiendo unos cuantos rituales. ¿Acaso podría ser que muchos de nosotros seamos tan religiosos que no veamos la necesidad de arrepentirnos? ¿Cuál piensas que sería el resultado si las iglesias convocaran asambleas solemnes, y verdaderamente evaluaran su estilo de vida y su manera de adorar? ¿Verían las personas la necesidad de arrepentirse y volverse a Dios?

¿Por qué vemos juntos, con tanta frecuencia, a la oración y el ayuno en las Escrituras? Porque el ayuno debería practicarse en el contexto de la oración como medio para comunicarse con Dios a un nivel más profundo. Esta semana consideraremos cómo debería ser esa oración y lo que sucede como resultado de ella.

OBSERVA

Veremos algunos pasajes del Nuevo Testamento para encontrar lo que podemos aprender, en términos generales, sobre el propósito de la oración y cómo debería llevarse a cabo.

Líder: Lee en voz alta los versículos seleccionados de 1 Timoteo 2 y pide al grupo que...
- *Marque cada referencia a **oración**, incluyendo sinónimos como **plegarias** y **peticiones**, con una **O** mayúscula.*

DISCUTE

- De acuerdo a este pasaje, ¿quiénes deben orar?

- ¿Por quién deben orar?

1 Timoteo 2:1–4, 8

¹ Exhorto, pues, ante todo que se hagan plegarias, oraciones, peticiones y acciones de gracias por todos los hombres,

² por los reyes y por todos los que están en autoridad, para que podamos vivir una vida tranquila y sosegada con toda piedad y dignidad.

³ *Porque* esto es bueno y agradable delante de Dios nuestro Salvador,

⁴ el cual quiere que todos los hombres sean salvos y vengan al pleno conocimiento de la verdad.

⁸ Por tanto, quiero que en todo lugar los hombres oren levantando manos santas, sin ira ni discusiones.

• ¿Qué debe acompañar estas oraciones?

• ¿Por qué deben orar?

• ¿Cómo deben orar?

Filipenses 4:6–7

⁶ Por nada estén afanosos; antes bien, en todo, mediante oración y súplica con acción de gracias, sean dadas a conocer sus peticiones delante de Dios.

⁷ Y la paz de Dios, que sobrepasa todo entendimiento, guardará sus corazones y sus mentes en Cristo Jesús.

ACLARACIÓN

Plegaria es la traducción de la palabra griega *déesis* (la cual significa "pedir algo que hace falta o que se necesita").

Petición es la traducción de la palabra griega *énteuxis* (que se refiere a conversar o dirigirse a alguien). Esta palabra implica la libertad de acceder y la audacia al venir ante Dios. A menudo significa "intercesión".

OBSERVA

Líder*: Lee Filipenses 4:6-7 en voz alta y pide al grupo que...*
  • *Marque cada referencia a* **oración***, incluyendo sus sinónimos, con una* **O** *mayúscula.*

DISCUTE
* ¿Qué mandatos se dan en estos versículos?

ACLARACIÓN

Súplicas es la traducción de la palabra griega *déesis*. La misma palabra es traducida como "plegaria" en 1 Timoteo 2:1, y significa "pedir algo que hace falta o que se necesita".

* ¿Cuál es el beneficio de obedecer estos mandatos?

* Según lo que leíste en estos versículos y en el cuadro de Aclaración, discute cómo afectaría tu vida el seguir estos mandatos.

Efesios 6:18–19

¹⁸ Con toda oración y súplica oren en todo tiempo en el Espíritu, y así, velen con toda perseverancia y súplica por todos los santos.

¹⁹ *Oren* también por mí, para que me sea dada palabra al abrir mi boca, a fin de dar a conocer sin temor el misterio del evangelio.

OBSERVA

En su carta a los creyentes de Éfeso, Pablo discute el tema de la batalla espiritual y continúa enfatizando la importancia de la oración.

Líder: Lee Efesios 6:18-19 en voz alta y pide al grupo que...
* *Marque las palabras **oración**, **súplica** y **oren** con una **O** mayúscula.*

DISCUTE

* Teniendo en mente que estamos en una batalla espiritual, ¿qué aprendiste acerca de la oración en estos versículos?

* En el versículo 18 Pablo exhortó a los creyentes a que oraran por los santos en todo tiempo. Discute cómo debemos orar y cómo se haría esto en la práctica.

* Esta clase de oración es llamada "intercesión". Pide que alguien describa un momento en que intercedió en oración por otros.

OBSERVA

Líder: Lee en voz alta 1 Tesalonicenses 5:16-18 y pide al grupo que...

  • *Marque la palabra* **oración** *con una* **O** *mayúscula.*

DISCUTE

• ¿Cómo debemos orar? ¿Cómo sería tu vida diaria si llevaras esto a la práctica?

• Es tiempo de hacer un resumen. ¿Qué hemos aprendido hasta ahora sobre la oración? ¿Quién debe orar? ¿Cuándo? ¿Por qué? ¿Cómo? ¿Por qué cosas se debe orar?

OBSERVA

Ahora enfoquemos nuestra atención en algunos pasajes que conectan el ayuno con la oración. Primero veremos la descripción de una mujer fiel quien estuvo presente cuando María y José trajeron a Jesús al templo para presentarlo al Señor.

1 Tes. 5:16–18

16 Estén siempre gozosos.

17 Oren sin cesar.

18 Den gracias en todo, porque ésta es la voluntad de Dios para ustedes en Cristo Jesús.

Lucas 2:36–38

36 Y había una profetisa, Ana, hija de Fanuel, de la tribu de Aser. Ella era de edad muy avanzada, y había vivido con *su* marido siete años después de su matrimonio,

37 y después de viuda, hasta los ochenta y cuatro años. Nunca se alejaba del templo, sirviendo noche y día con ayunos y oraciones.

38 Llegando ella en ese preciso momento, daba gracias a Dios y hablaba del Niño a todos los que esperaban la redención de Jerusalén.

Líder: Lee Lucas 2:36-38 en voz alta y pide al grupo que…

- *Dibuje un rectángulo alrededor de cada referencia a **Ana**, incluyendo sus pronombres.*
- *Encierre en un círculo la palabra **ayunos**.*
- *Marque la palabra **oraciones** con una **O** mayúscula.*

DISCUTE

- ¿Qué aprendiste acerca de Ana?

- ¿Qué importancia tenían el ayuno y la oración en su vida?

- ¿Cómo bendijo Dios su servicio?

OBSERVA

Líder: Lee Hechos 13:1-3 en voz alta y pide al grupo que...

- *Subraye cada referencia a **profetas** y **maestros**, incluyendo sus variantes verbales y pronombres **ellos** y **los**.*
- *Encierre en un círculo la palabra **ayunar**.*
- *Marque la palabra **orar** con una O mayúscula.*

ACLARACIÓN

La frase *ministraban* al SEÑOR es traducida de la palabra griega *leitourgéo*, de la cual obtenemos la palabra *liturgia* en español; y se refiere al servicio *al* Señor.

El acto de poner las manos sobre una persona identificaba a la iglesia con el ministerio de esa persona y reconocía la dirección de Dios en la vida de él o ella.

DISCUTE

- ¿Quién ayunaba en este pasaje?

Hechos 13:1–3

¹ En la iglesia que estaba en Antioquía había profetas y maestros: Bernabé, Simón llamado Niger, Lucio de Cirene, Manaén, que se había criado con Herodes (Antipas, hijo de Herodes el Grande) el tetrarca, y Saulo.

² Mientras ministraban al Señor y ayunaban, el Espíritu Santo dijo: "Aparten a Bernabé y a Saulo para la obra a la que los he llamado."

³ Entonces, después de ayunar, orar y haber impuesto las manos sobre ellos, los enviaron.

• ¿Qué les instruyó el Espíritu Santo mientras ellos estaban sirviendo al Señor y ayunando, de acuerdo con el versículo 2?

• Después de haber ayunado y orado, ¿qué hicieron estos hombres, y qué significado tuvo esto?

Hechos 14:21-23

²¹ Después de anunciar el evangelio a aquella ciudad y de hacer muchos discípulos, volvieron a Listra, a Iconio y a Antioquía,

²² forteleciendo los ánimos (las almas) de los discípulos, exhortándolos a que perseveraran en la fe, y *diciendo*:

OBSERVA

Líder: Lee Hechos 14:21-23 en voz alta y pide al grupo que...

• *Dibuje un rectángulo alrededor de cada referencia a **Pablo** y **Bernabé**.*
• *Marque la palabra **orado** con una **O** mayúscula.*
• *Encierre en un círculo la palabra **ayunos**.*

DISCUTE

• ¿Cuál fue la ocasión o propósito para la oración y los ayunos referidos en este pasaje?

- ¿Cómo se relaciona este pasaje con lo que leíste en Hechos 13:1-3?

- ¿Qué indican Hechos 13 y 14 sobre el ministerio en la iglesia primitiva?

- ¿Qué relevancia podría tener esto para los creyentes de hoy?

OBSERVA

Veamos un pasaje más, en el cual encontramos al salmista David derramando su corazón a Dios en oración.

Líder: Lee los versículos seleccionados del Salmo 69 en voz alta y pide al grupo que...
- *Marque cada referencia a **David**, incluyendo sus inferencias verbales y pronombres tales como: **mí** y **me** con una **D** mayúscula.*
- *Encierre en un círculo la palabra **ayuno**.*
- *Marque la palabra **oración** con una **O** mayúscula.*

"Es necesario que a través de muchas tribulaciones entremos en el reino de Dios."

23 Después que les designaron ancianos en cada iglesia, habiendo orado con ayunos, los encomendaron al Señor en quien habían creído.

Salmo 69:1–4, 10–13

1 Sálvame, oh Dios, Porque las aguas *me* han llegado hasta el alma.

2 Me he hundido en cieno profundo, y no hay donde apoyar el pie; He llegado a lo profundo de las aguas, y la corriente me cubre.

3 Cansado estoy de llorar; reseca está mi garganta; Mis ojos desfallecen mientras espero a mi Dios.

[4] Más que los cabellos de mi cabeza son los que sin causa me aborrecen; Poderosos son los que quieren destruirme, Sin razón son mis enemigos, Me hacen devolver aquello que no robé.

[10] Cuando lloraba *afligiendo* con ayuno mi alma, *Eso* se convirtió en afrenta para mí.

[11] Cuando hice de cilicio mi vestido, Me convertí en proverbio para ellos.

[12] Hablan de mí los que se sientan a la puerta, Y *soy* la canción de los borrachos.

[13] Pero yo elevo a Ti mi oración, oh SEÑOR, en tiempo propicio; Oh Dios, en la grandeza de Tu misericordia, Respóndeme con Tu verdad salvadora.

DISCUTE

• ¿Cuáles eran las circunstancias de David?

• ¿Qué hizo en medio de su sufrimiento?

• ¿Cómo respondieron otros a su ayuno y oración?

• ¿Pudo eso detenerlo? Explica tu respuesta.

• ¿Qué tan importante eran el ayuno y la oración para David? ¿Qué tan importante son para ti?

FINALIZANDO

La oración y el ayuno son ofrendas presentadas en humildad al Señor; y la oración ofrecida puede verse como un incienso que sube hasta Dios, tanto en el Antiguo como el Nuevo Testamento:

"Oh SEÑOR, a Ti clamo, apresúrate a venir a mí. Escucha mi voz cuando Te invoco.
Sea puesta mi oración delante de Ti como incienso, El alzar de mis manos como la ofrenda de la tarde" (Salmo 141:1-2).

"Otro ángel vino y se paró ante el altar con un incensario de oro, y se le dio mucho incienso para que lo añadiera a las oraciones de todos los santos sobre el altar de oro que estaba delante del trono. De la mano del ángel subió ante Dios el humo del incienso con las oraciones de los santos" (Apocalipsis 8:3-4).

Como hemos visto, a Dios le importa mucho la actitud con la que le ofrecemos la oración y el ayuno. Como el apóstol Pablo dijo: "Todo lo que no procede de fe, es pecado" (Romanos 14:23).

¿Qué hay de ti? ¿Tu ayuno está enmarcado en el contexto de la oración? ¿Eres acaso demasiado auto-suficiente y orgulloso para orar al Dios que te creó? O ¿estás dispuesto a humillarte, ayunar y orar en fe como parte de tu crecimiento espiritual?

Durante las últimas cinco semanas, hemos visto principios de la Biblia acerca del ayuno y la oración como parte de la confesión de pecados, tanto personales como colectivos, y como medios para buscar el favor y dirección de Dios. Esta semana aplicaremos todo cuanto hemos aprendido. A medida que escudriñemos las Escrituras, examinemos nuestros corazones y busquemos al SEÑOR en nombre de nosotros mismos, nuestras familias, nuestra iglesia, nuestra comunidad y nuestra nación.

Comenzaremos viendo pasajes que pueden ayudarnos y dirigirnos en nuestras oraciones, confesiones, súplicas e intercesión por nuestra nación. Y como ya sabemos, Dios es Santo y no puede ignorar el pecado; así que el pecado debe ser reconocido como tal, y debe haber arrepentimiento, confesión y perdón—de lo contrario dicho pecado deberá ser juzgado.

OBSERVA

En el pasaje a continuación leemos la declaración del profeta Ezequiel dirigida a la ciudad de Jerusalén; en que se deja muy en claro que los días de dicha ciudad estaban contados puesto que sus crímenes demandaban castigo.

Líder: Lee Ezequiel 22:1-11 en voz alta y pide al grupo que...

- *Subraye toda referencia a la* **ciudad sanguinaria***; incluyendo las inferencias verbales, sinónimos y pronombres como* **sus, su, tu, ti***, etc., que se refieran a la ciudad y sus habitantes.*
- *Dibuje una marca* ✓ *sobre cada uno de* **los pecados cometidos por la gente de la ciudad.**

Ezequiel 22:1-11

¹ Y vino a mí la palabra del SEÑOR:

² "Tú, hijo de hombre, ¿Vas a juzgar? ¿Vas a juzgar a la ciudad sanguinaria? Hazle saber todas sus abominaciones.

³ "Dirás: 'Así dice el Señor DIOS: "¡Ciudad que derrama sangre en medio de sí misma para que llegue

su hora, y que se hace ídolos para contaminarse!

⁴ "Por la sangre que has derramado te has hecho culpable, y con los ídolos que has hecho te has contaminado. Has hecho que se acerque tu día y has llegado al término de tus años. Por tanto te he hecho oprobio de las naciones y objeto de burla de todas las tierras.

⁵ "Las que están cerca de ti y las que están lejos se burlarán de ti, *ciudad* de mala fama, llena de confusión.

⁶ "Los príncipes de Israel, cada uno según su poder, han estado en ti para derramar sangre.

DISCUTE

• ¿De qué se acusaba a la ciudad sanguinaria?

• De acuerdo al versículo 4, ¿cuál fue el veredicto, y por qué?

• ¿Cuál fue el resultado de ese veredicto?

• Observa de nuevo cada uno de los pecados que marcaste y discute si tu país es o no culpable de lo mismo. Explica tus respuestas.

OBSERVA

Líder: Lee Ezequiel 22:12-22 en voz alta y pide al grupo que...

- *Subraye cada **ti, tu, tus, te,** y **ustedes** que se refieran al **pueblo de Jerusalén**.*
- *Coloque un ✓ sobre cada **acto pecaminoso que el pueblo estaba cometiendo**.*
- *Marque cada referencia al SEÑOR, incluyendo sus pronombres, con un triángulo:* △

DISCUTE

- ¿Qué aprendiste al marcar las referencias al pueblo de Jerusalén?

- ¿Qué aprendiste al marcar las referencias a Dios? ¿Qué dijo Dios que estaba preparado a hacer?

7 "En ti despreciaron al padre y a la madre, en medio de ti trataron con violencia al extranjero, y en ti oprimieron al huérfano y a la viuda.

8 "Has despreciado Mis cosas sagradas y has profanado Mis días de reposo.

9 "En ti han estado calumniadores para derramar sangre y en ti han comido en *los santuarios de* los montes. En ti han cometido perversidades.

10 "En ti se ha descubierto la desnudez del padre, en ti han humillado a la que estaba impura por su menstruación.

[11] "Uno ha cometido abominación con la mujer de su prójimo, otro ha manchado a su nuera con lascivia, y en ti otro ha humillado a su hermana, la hija de su padre.

• ¿Qué metáfora usó Dios para describir lo que Él estaba por hacer?

Ezequiel 22:12–22

[12] "En ti se ha recibido soborno para derramar sangre; has tomado interés y usura, y has dañado a tus prójimos, extorsionándolos y de Mí te has olvidado," declara el Señor DIOS.

[13] "Por eso voy a batir palmas contra las ganancias deshonestas que has adquirido y contra el derramamiento de sangre que hay en medio de ti.

ACLARACIÓN

La plata era refinada colocándola al fuego hasta que las impurezas, o escoria, se desprendían y subían a la superficie. Estas impurezas eran luego removidas de la plata derretida, y desechadas.

• De acuerdo con estos versículos, ¿cómo removería Dios las impurezas del pueblo?

OBSERVA

Líder: Lee Ezequiel 22:23-31 en voz alta y pide al grupo que...

- *Subraye cada referencia a **la tierra y sus habitantes**, incluyendo las inferencias verbales y sus pronombres.*
- *Dibuje un rectángulo alrededor de cada referencia a los **líderes**, como **profetas**, **sacerdotes** y **príncipes**, y cualquier pronombre correspondiente.*
- *Dibuje un triángulo sobre cada referencia al **Señor**, incluyendo sus pronombres.*

DISCUTE

- ¿Qué aprendiste de marcar y observar las referencias a la tierra y sus habitantes?

14 "¿Aguantará tu corazón o serán fuertes tus manos en los días que Yo actúe contra ti? Yo, el Señor, he hablado y lo haré.

15 "Yo te dispersaré entre las naciones, te esparciré por las tierras y haré desaparecer de ti tu inmundicia.

16 "Y por ti misma quedarás profanada a la vista de las naciones; y sabrás que Yo soy el Señor."""

17 Y vino a mí la palabra del Señor:

18 "Hijo de hombre, la casa de Israel se ha convertido en escoria para Mí. Todos ellos son bronce, estaño, hierro y plomo en medio del horno; escoria de plata son.

[19] "Por tanto, así dice el Señor DIOS: 'Por cuanto todos ustedes se han convertido en basura, por tanto, los voy a reunir en medio de Jerusalén.

[20] 'Como se junta plata, bronce, hierro, plomo y estaño en medio del horno, y se atiza el fuego en él para fundir*los*, así *los* juntaré Yo en Mi ira y en Mi furor, los pondré *allí* y los fundiré.

[21] 'Los reuniré y atizaré sobre ustedes el fuego de Mi furor, y serán fundidos en medio de Jerusalén.

[22] 'Como se funde la plata en el horno, así serán fundidos ustedes en medio de la ciudad; y sabrán que Yo, el SEÑOR, he derramado Mi furor sobre ustedes.'"

- ¿Qué aprendiste acerca de los profetas? ¿Los sacerdotes? ¿Los príncipes?

- Discute cualquier paralelo que veas entre estos líderes y el tipo de liderazgo que prevalece en nuestra nación.

- ¿Qué sugiere esto acerca del tipo de liderazgo por el que debemos orar?

- ¿Qué aprendiste de marcar y observar las referencias al SEÑOR?

Ezequiel 22:23–31

23 Y vino a mí la palabra del SEÑOR:

24 "Hijo de hombre, dile a Israel: 'Tú eres tierra que no ha sido lavada ni mojada con la lluvia el día de la indignación.'

25 "Hay conspiración de sus profetas en medio de Jerusalén, como león rugiente que desgarra la presa. Han devorado almas, de las riquezas y cosas preciosas se han apoderado, las viudas se han multiplicado en medio de ella.

26 "Sus sacerdotes han violado Mi ley y han profanado Mis cosas sagradas; entre lo sagrado y lo profano no han hecho diferencia, y entre lo inmundo y lo limpio no han enseñado a distinguir; han escondido sus ojos de Mis días de reposo, y he sido profanado entre ellos.

27 "Sus príncipes en medio de la ciudad son como lobos que desgarran la presa, derramando sangre *y* destruyendo vidas para obtener ganancias injustas.

28 "Y sus profetas los han recubierto con cal, viendo visiones falsas y adivinándoles mentiras, diciendo: 'Así dice el Señor Dios,' cuando el Señor no ha hablado.

29 "Las gentes de la tierra han hecho violencia y

• Hoy en día, ¿cómo podrías servir tú como el hombre o la mujer que Dios está buscando, de acuerdo con el versículo 30?

OBSERVA

En la segunda lección observamos que Daniel, al estudiar las Escrituras, fue impulsado a la oración, confesión y ayuno. Él entendió que la obediencia traería bendición y la desobediencia traería disciplina; y la experiencia de Israel en Babilonia fue la demostración evidente de este principio. Además, Daniel también entendió que si el pueblo de Israel se volvía y obedecía a Dios, Él los restauraría y bendeciría. A la luz de esta verdad, prestemos atención a Sus palabras.

Líder: *Lee Daniel 9:1-11 en voz alta y pide al grupo que...*

- *Subraye cada referencia al **pueblo**, incluyendo sinónimos como **hombres de Judá** y **todo Israel**; así también pronombres como **nuestros**, **nuestra** y **nosotros**.*
- *Ponga un visto sobre **cada pecado específico mencionado** en la oración de Daniel.*

DISCUTE

- ¿Qué aprendiste de marcar y observar las referencias a los hombres de Judá?

- ¿Qué paralelos, si alguno, encuentras entre el estado de Judá en ese tiempo y la condición de nuestros países hoy en día? Discute tus observaciones.

cometido robo, han oprimido al pobre y al necesitado y han maltratado injustamente al extranjero.

30 "Busqué entre ellos alguien que levantara un muro y se pusiera en pie en la brecha delante de Mí a favor de la tierra, para que Yo no la destruyera, pero no *lo* hallé.

31 "He derramado, pues, Mi indignación sobre ellos; con el fuego de Mi furor los he consumido; he hecho recaer su conducta sobre sus cabezas," declara el Señor Dios.

Daniel 9:1–11

¹ En el año primero de Darío, hijo de Asuero, descendiente de los Medos, que fue constituido rey sobre el reino de los Caldeos,

² en el año primero de su reinado, yo, Daniel, pude entender en los libros el número de los años en que, por palabra del SEÑOR que fue *revelada* al profeta Jeremías, debían cumplirse las desolaciones de Jerusalén: setenta años.

³ Volví mi rostro a Dios el Señor para busca*rlo en* oración y súplicas, en ayuno, cilicio y ceniza.

⁴ Oré al SEÑOR mi Dios e hice confesión y dije:

• ¿Qué estaba haciendo Daniel en esta porción del capítulo 9?

• Ahora detente un momento, y a la luz de lo que has aprendido de Ezequiel 22 y Daniel 9, confiesa los pecados de nuestra nación. En este punto, no hagas nada más que confesar los pecados que Dios traiga a tu mente. No necesita ser una confesión larga o extensa; simplemente espera en Dios, y a medida que Él te muestre pecados en tu mente, confiésalos en voz alta para que el grupo también pueda participar de esta confesión.

Líder: *Brinda el tiempo suficiente para que cualquiera que sintiera la necesidad de orar en voz alta pueda hacerlo. Ten en mente que solo deben confesar los pecados que Dios traiga a su corazón.*

"Ay, Señor, el Dios grande y temible, que guarda el pacto y la misericordia para los que Lo aman y guardan Sus mandamientos,

5 hemos pecado, hemos cometido iniquidad, hemos hecho lo malo, nos hemos rebelado y nos hemos apartado de Tus mandamientos y de Tus ordenanzas.

6 "No hemos escuchado a Tus siervos los profetas que hablaron en Tu nombre a nuestros reyes, a nuestros príncipes, a nuestros padres y a todo el pueblo de la tierra.

7 Tuya es la justicia, oh Señor, y nuestra la vergüenza en el rostro, como *sucede* hoy a los hombres de Judá, a los habitantes de

Jerusalén y a todo Israel, a los que están cerca y a los que están lejos en todos los países adonde los has echado, a causa de las infidelidades que cometieron contra Ti.

8 "Oh SEÑOR, nuestra es la vergüenza del rostro, *y* de nuestros reyes, de nuestros príncipes y de nuestros padres, porque hemos pecado contra Ti.

9 "Al SEÑOR nuestro Dios *pertenece* la compasión y el perdón, porque nos hemos rebelado contra El,

10 y no hemos obedecido la voz del SEÑOR nuestro Dios para andar en Sus enseñanzas, que El puso delante de

OBSERVA

Líder: Lee Daniel 9:12-19 en voz alta y pide al grupo que...

- *Marque con un triángulo cada referencia a **Dios**, incluyendo sus pronombres.*
- *Dibuje una línea inclinada como ésta / sobre cada referencia a **pecado**, buscando cuidadosamente los sinónimos como **iniquidad, malos y no hemos obedecido**.*
- *Dibuje una nube como ésta alrededor de cada referencia a **calamidad y furor**.*

DISCUTE

- ¿Qué aprendiste acerca de Dios en el versículo 12?

- ¿Qué aprendiste de marcar *calamidad* y *furor*?

• De todo lo que has visto, ¿por qué había traído Dios tal calamidad a Su pueblo?

• Teniendo todo esto en mente, ¿qué aprendes acerca del carácter de Dios?

nosotros por medio de Sus siervos los profetas.

11 "Ciertamente todo Israel ha transgredido Tu ley y se ha apartado, sin querer obedecer Tu voz. Por eso ha sido derramada sobre nosotros la maldición y el juramento que está escrito en la ley de Moisés, siervo de Dios, porque hemos pecado contra El.

Daniel 9:12-19

12 "Y El ha confirmado las palabras que habló contra nosotros y contra nuestros jefes que nos gobernaron, trayendo sobre nosotros gran calamidad, pues nunca se ha hecho debajo del cielo *nada* como lo que se ha hecho contra Jerusalén.

¹³ "Como está escrito en la ley de Moisés, toda esta calamidad ha venido sobre nosotros, pero no hemos buscado el favor del SEÑOR nuestro Dios, apartándonos de nuestra iniquidad y prestando atención a Tu verdad.

¹⁴ "Por tanto, el SEÑOR ha estado guardando esta calamidad y la ha traído sobre nosotros. Porque el SEÑOR nuestro Dios es justo en todas las obras que ha hecho, pero nosotros no hemos obedecido Su voz.

¹⁵ Y ahora, SEÑOR Dios nuestro, que sacaste a Tu pueblo de la tierra de Egipto con mano poderosa, y Te has hecho un nombre, como hoy *se ve*, hemos pecado, hemos sido malos.

• ¿Qué aprendiste acerca del carácter de Su pueblo? ¿Cómo se compara eso con el carácter de Dios?

• De acuerdo con los versículos 17-19, ¿qué estaba pidiendo Daniel? Haz una lista de todo lo que le estaba pidiendo a Dios que hiciera.

- ¿Con qué base estaba pidiéndole eso?

- ¿Qué sugiere este pasaje acerca del papel de Dios en la adversidad? ¿Qué sugiere esto acerca de los recientes eventos en tu vida? ¿En tu comunidad? ¿En nuestra nación?

[16] "Oh Señor, conforme a todos Tus actos de justicia, apártese ahora Tu ira y Tu furor de Tu ciudad, Jerusalén, Tu santo monte. Porque a causa de nuestros pecados y de las iniquidades de nuestros padres, Jerusalén y Tu pueblo son el oprobio de todos los que nos rodean.

[17] "Y ahora, Dios nuestro, escucha la oración de Tu siervo y sus súplicas, y haz resplandecer Tu rostro sobre Tu santuario desolado, por amor de Ti mismo, oh Señor.

[18] "Inclina Tu oído, Dios mío, y escucha. Abre Tus ojos y mira nuestras desolaciones y la ciudad sobre la cual se invoca Tu nombre. Pues no es por nuestros

propios méritos
que presentamos
nuestras súplicas
delante de Ti,
sino por Tu gran
compasión.

[19] "¡Oh Señor,
escucha! ¡Señor,
perdona! ¡Señor,
atiende y actúa! ¡No
tardes, por amor
de Ti mismo, Dios
mío! Porque Tu
nombre se invoca
sobre Tu ciudad y
sobre Tu pueblo."

FINALIZANDO

Nuestro estudio del Antiguo Testamento nos enseñó que el ayuno era una forma de mostrar humildad (Esdras 8:21); y que también servía como medio para buscar la dirección del Señor (2 Crónicas 20:3-4). Sin embargo, los profetas declararon que sin el comportamiento apropiado, el ayuno del hombre resulta vano (Isaías 58:5-12).

También observamos en el Nuevo Testamento que Jesús asumió que Sus seguidores ayunarían; y que también les enseñó a no hacerlo para que los demás se dieran cuenta. Puesto que el ayuno debe estar asociado con la dependencia de Dios, al buscarlo debemos hacerlo genuinamente con un corazón puro. El ayuno debe practicarse con gozo y acción de gracias como un servicio a Dios; teniendo su base en la fe como medio de crecimiento espiritual.

Al llegar al final de nuestro estudio, veamos el testimonio de John Meador con respecto a su vida de ayuno, mientras fue pastor de la Iglesia Bautista Woodland Park en Chattanooga, Tennessee:

"Al enfrentar algunas decisiones críticas en la vida de nuestra iglesia, que involucraban tanto gente como dinero, sentí que el Señor me llevó a hacer mi primer ayuno de cuarenta días. Pero, ¿cómo poder describir el "ser llevado" a hacer algo como eso? Simplemente no fue una idea mía, y Dios repetidamente abría mis ojos ante referencias en la Escritura sobre la práctica del ayuno. Yo estaba preocupado de no poder hacerlo, de que lo haría mal, y me preguntaba cómo haría con mi vida diaria; pero no podía negar que Dios me estaba llamando a que acudiera a Él mediante el ayuno y la oración. Fue una experiencia maravillosa el depender y escuchar a Dios. Él usó ese tiempo para enseñarme de muchas maneras—la más notable de ellas fue la voluntad necesaria para tomar la decisión que estaba enfrentando.

Se ha dicho que la manera más fácil de conocer la voluntad de Dios es abandonando tu propia voluntad; y aprendí lo cierto de esto durante mi ayuno. Parecía que estaba matando de hambre mi cuerpo, mientras alimentaba mi alma con oración y leyendo la Palabra. Parecía también que estaba matando mi propia voluntad; sofocándola, para que así reconociera la voluntad de Dios.

Puedo decir con honestidad que Dios me habló más claramente y más frecuentemente como nunca antes. Yo me encontraba maravillado por esa claridad, y estupefacto por la fuerza diaria que Él me dio a pesar de no comer nada por cuarenta días. Al final del ayuno, me sentía renuente a comer de nuevo– tan preciosa había sido para mi aquella vivencia con Dios. Pero sabía que era tiempo de hacerlo. Finalmente, la dirección de Dios recibida en ese período sentó las bases para una decisión que trajo unidad, visión y provisión en muchas maneras".

¿Y qué hay de ti? Sabiendo que Jesús espera que nosotros ayunemos, ¿estás dispuesto a caminar en obediencia y dependencia de Él?

Esta singular serie de estudios bíblicos del equipo de enseñanza de Ministerios Precepto Internacional, aborda temas con los que luchan las mentes investigadoras; y lo hace en breves lecciones muy fáciles de entender e ideales para reuniones de grupos pequeños. Estos cursos de estudio bíblico, de la serie 40 minutos, pueden realizarse siguiendo cualquier orden. Sin embargo, a continuación te mostramos una posible secuencia a seguir:

¿Cómo Sabes que Dios es Tu Padre?

Muchos dicen: "Soy cristiano"; pero, ¿cómo pueden saber si Dios realmente es su Padre—y si el cielo será su futuro hogar? La epístola de 1 Juan fue escrita con este propósito—que tú puedas saber si realmente tienes la vida eterna. Éste es un esclarecedor estudio que te sacará de la oscuridad y abrirá tu entendimiento hacia esta importante verdad bíblica.

Cómo Tener una Relación Genuina con Dios

A quienes tengan el deseo de conocer a Dios y relacionarse con Él de forma significativa, Ministerios Precepto abre la Biblia para mostrarles el camino a la salvación. Por medio de un profundo análisis de ciertos pasajes bíblicos cruciales, este esclarecedor estudio se enfoca en dónde nos encontramos con respecto a Dios, cómo es que el pecado evita que lo conozcamos y cómo Cristo puso un puente sobre aquel abismo que existe entre los hombres y su SEÑOR.

Ser un Discípulo: Considerando Su Verdadero Costo

Jesús llamó a Sus seguidores a ser discípulos. Pero el discipulado viene con un costo y un compromiso incluido. Este estudio da una mirada inductiva a cómo la Biblia describe al discípulo, establece las características de un seguidor de Cristo e invita a los estudiantes a aceptar Su desafío, para luego disfrutar de las eternas bendiciones del discipulado.

¿Vives lo que Dices?

Este estudio inductivo de Efesios 4 y 5, está diseñado para ayudar a los estudiantes a que vean, por sí mismos, lo que Dios dice respecto al estilo de vida de un verdadero creyente en Cristo. Este estudio los capacitará para vivir de una manera digna de su llamamiento; con la meta final de desarrollar un andar diario con Dios, caracterizado por la madurez, la semejanza a Cristo y la paz.

Viviendo Una Vida de Verdadera Adoración

La adoración es uno de los temas del cristianismo peor entendidos; y este estudio explora lo que la Biblia dice acerca de la adoración: ¿qué es? ¿Cuándo sucede? ¿Dónde ocurre? ¿Se basa en las emociones? ¿Se limita solamente a los domingos en la iglesia? ¿Impacta la forma en que sirves al Señor? Para éstas, y más preguntas, este estudio nos ofrece respuestas bíblicas novedosas.

Descubriendo lo que Nos Espera en el Futuro

Con todo lo que está ocurriendo en el mundo, las personas no pueden evitar cuestionarse respecto a lo que nos espera en el futuro. ¿Habrá paz alguna vez en la tierra? ¿Cuánto tiempo vivirá el mundo bajo la amenaza del terrorismo? ¿Hay un horizonte con un solo gobernante mundial? Esta fácil guía de estudio conduce a los lectores a través del importante libro de Daniel; libro en el que se establece el plan de Dios para el futuro.

Cómo Tomar Decisiones Que No Lamentarás

Cada día nos enfrentamos a innumerables decisiones; y algunas de ellas pueden cambiar el curso de nuestras vidas para siempre. Entonces, ¿a dónde acudes en busca de dirección? ¿Qué debemos hacer cuando nos enfrentamos a una tentación? Este breve estudio te brindará una práctica y valiosa guía, al explorar el papel que tiene la Escritura y el Espíritu Santo en nuestra toma de decisiones.

Dinero y Posesiones: La Búsqueda del Contentamiento

Nuestra actitud hacia el dinero y las posesiones reflejará la calidad de nuestra relación con Dios. Y, de acuerdo con las Escrituras, nuestra visión del dinero nos muestra dónde está descansando nuestro verdadero amor. En este estudio, los lectores escudriñarán las Escrituras para aprender de dónde proviene el dinero, cómo se supone que debemos manejarlo y cómo vivir una vida abundante, sin importar su actual situación financiera.

Cómo puede un Hombre Controlar Sus Pensamientos, Deseos y Pasiones

Este estudio capacita a los hombres con la poderosa verdad de que Dios ha provisto todo lo necesario para resistir la tentación; y lo hace, a través de ejemplos de hombres en las Escrituras, algunos de los cuales cayeron en pecado y otros que se mantuvieron firmes. Aprende cómo escoger el camino de pureza, para tener la plena confianza de que, a través del poder del Espíritu Santo y la Palabra de Dios, podrás estar algún día puro e irreprensible delante de Dios.

Viviendo Victoriosamente en Tiempos Difíciles

Vivimos en un mundo decadente poblado por gente sin rumbo, y no podemos escaparnos de la adversidad y el dolor. Sin embargo, y por alguna razón, los difíciles tiempos que se viven actualmente son parte del plan de Dios y sirven para Sus propósitos. Este valioso estudio ayuda a los lectores a descubrir cómo glorificar a Dios en medio del dolor; al tiempo que aprenden cómo encontrar gozo aun cuando la vida parezca injusta, y a conocer la paz que viene al confiar en el Único que puede brindar la fuerza necesaria en medio de nuestra debilidad.

Edificando un Matrimonio que en Verdad Funcione

Dios diseñó el matrimonio para que fuera una relación satisfactoria y realizadora; creando a hombres y mujeres para que ellos—juntos y como una sola carne—pudieran reflejar Su amor por el mundo. El matrimonio, cuando es vivido como Dios lo planeó, nos completa, nos trae gozo y da a nuestras vidas un fresco significado. En este estudio, los lectores examinarán el diseño de Dios para el matrimonio y aprenderán cómo establecer y mantener el tipo de matrimonio que trae gozo duradero.

El Perdón: Rompiendo el Poder del Pasado

El perdón puede ser un concepto abrumador, sobre todo para quienes llevan consigo profundas heridas provocadas por difíciles situaciones de su pasado. En este estudio innovador, obtendrás esclarecedores conceptos del perdón de Dios para contigo, aprenderás cómo responder a aquellos que te han tratado injustamente, y descubrirás cómo la decisión de perdonar rompe las cadenas del doloroso pasado y te impulsa hacia un gozoso futuro.

Elementos Básicos de la Oración Efectiva.

Esta perspectiva general de la oración te guiará a una vida de oración con más fervor a medida que aprendes lo que Dios espera de tus oraciones y qué puedes esperar de Él. Un detallado examen del Padre Nuestro, y de algunos importantes principios obtenidos de ejemplos de oraciones a través de la Biblia, te desafiarán a un mayor entendimiento de la voluntad de Dios, Sus caminos y Su amor por ti mientras experimentas lo que significa verdaderamente el acercarse a Dios en oración.

Cómo se Hace un Líder al Estilo de Dios

¿Qué espera Dios de quienes Él coloca en lugares de autoridad? ¿Qué características marcan al verdadero líder efectivo? ¿Cómo puedes ser el líder que Dios te ha llamado a ser? Encontrarás las respuestas a éstas, y otras preguntas, en este poderoso estudio de cuatro importantes líderes de Israel—Elí, Samuel, Saúl y David— cuyas vidas señalan principios que necesitamos conocer como líderes en nuestros hogares, en nuestras comunidades, en nuestras iglesias y finalmente en nuestro mundo.

¿Qué Dice La Biblia Acerca Del Sexo?

Nuestra cultura está saturada de sexo, pero muy pocos tienen una idea clara de lo que Dios dice acerca de este tema. En contraste a la creencia popular, Dios no se opone al sexo; únicamente, a su mal uso. Al aprender acerca de las barreras o límites que Él ha diseñado para proteger este regalo, te capacitarás para enfrentar las mentiras del mundo y aprender que Dios quiere lo mejor para ti.

Principios Clave para el Ayuno Bíblico

La disciplina espiritual del ayuno se remonta a la antigüedad. Sin embargo, el propósito y naturaleza de esta práctica a menudo es malentendida. Este vigorizante estudio explica por qué el ayuno es importante en la vida del creyente promedio, resalta principios bíblicos para el ayuno efectivo, y muestra cómo esta poderosa disciplina lleva a una conexión más profunda con Dios.

ACERCA DE MINISTERIOS PRECEPTO INTERNACIONAL

Ministerios Precepto Internacional fue levantado por Dios para el solo propósito de establecer a las personas en la Palabra de Dios para producir reverencia a Él. Sirve como un brazo de la iglesia sin ser parte de una denominación. Dios ha permitido a Precepto alcanzar más allá de las líneas denominacionales sin comprometer las verdades de Su Palabra inerrante. Nosotros creemos que cada palabra de la Biblia fue inspirada y dada al hombre como todo lo que necesita para alcanzar la madurez y estar completamente equipado para toda buena obra de la vida. Este ministerio no busca imponer sus doctrinas en los demás, sino dirigir a las personas al Maestro mismo, Quien guía y lidera mediante Su Espíritu a la verdad a través de un estudio sistemático de Su Palabra. El ministerio produce una variedad de estudios bíblicos e imparte conferencias y Talleres Intensivos de entrenamiento diseñados para establecer a los asistentes en la Palabra a través del Estudio Bíblico Inductivo.

Jack Arthur y su esposa, Kay, fundaron Ministerios Precepto en 1970. Kay y el equipo de escritores del ministerio producen estudios **Precepto sobre Precepto,** Estudios **In & Out**, estudios de la **serie Señor**, estudios de la **Nueva serie de Estudio Inductivo**, estudios **40 Minutos** y **Estudio Inductivo de la Biblia Descubre por ti mismo para niños.** A partir de años de estudio diligente y experiencia enseñando, Kay y el equipo han desarrollado estos cursos inductivos únicos que son utilizados en cerca de 185 países en 70 idiomas.

MOVILIZANDO

Estamos movilizando un grupo de creyentes que "manejan bien la Palabra de Dios" y quieren utilizar sus dones espirituales y talentos para alcanzar 10 millones más de personas con el estudio bíblico inductivo para el año 2015. Si compartes nuestra pasión por establecer a las personas en la Palabra de Dios, te invitamos a leer más. Visita **www.precept.org/Mobilize** para más información detallada.

RESPONDIENDO AL LLAMADO

Ahora que has estudiado y considerado en oración las escrituras, ¿hay algo nuevo que debas creer o hacer, o te movió a hacer algún cambio en tu vida? Es una de las muchas cosas maravillosas y sobrenaturales que resultan de estar en Su Palabra – Dios nos habla.

En Ministerios Precepto Internacional, creemos que hemos escuchado a Dios hablar acerca de nuestro rol en la Gran Comisión. Él nos ha dicho en Su Palabra que hagamos discípulos enseñando a las personas cómo estudiar Su Palabra. Planeamos alcanzar 10 millones más de personas con el Estudio Bíblico Inductivo para el año 2015.

Si compartes nuestra pasión por establecer a las personas en la Palabra de Dios, ¡te invitamos a que te unas a nosotros! ¿Considerarías en oración aportar mensualmente al ministerio? Hemos hecho las cuentas y por cada $2 que aportes, podremos alcanzar una persona con este estudio que cambia vidas. Si ofrendas en línea en **www.precept.org/ATC**, ahorramos gastos administrativos para que tus dólares alcancen a más gente. Si aportas mensualmente como una ofrenda mensual, menos dólares van a gastos administrativos y más van al ministerio.
Por favor ora acerca de cómo el Señor te podría guiar a responder el llamado.

COMPRA CON PROPÓSITO

Cuando compras libros, estudios, audio y video, por favor cómpralos de Ministerios Precepto a través de nuestra tienda en línea (**http://store.precept.org/**) o en la oficina de Precepto en tu país. Sabemos que podrías encontrar algunos de estos materiales a menor precio en tiendas con fines de lucro, pero cuando compras a través de nosotros, las ganancias apoyan el trabajo que hacemos:

• Desarrollar más estudios bíblicos inductivos
• Traducir más estudios en otros idiomas
• Apoyar los esfuerzos en 185 países
• Alcanzar millones diariamente a través de la radio y televisión
• Entrenar pastores y líderes de estudios bíblicos alrededor del mundo
• Desarrollar estudios inductivos para niños para comenzar su viaje con Dios
• Equipar a las personas de todas las edades con las habilidades es estudio bíblico que transforma vidas

Cuando compras en Precepto, ¡ayudas a establecer a las personas en la Palabra de Dios!

www.ingramcontent.com/pod-product-compliance
Lightning Source LLC
Chambersburg PA
CBHW071828020426

42331CB00007B/1651